AF451700

CONSIDÉRATIONS TECHNIQUES

SUR LES TRANSFORMATIONS DE

L'ARMEMENT MODERNE

ET SUR SON EMPLOI DANS LE COMBAT

CONSIDÉRATIONS TECHNIQUES

SUR LES TRANSFORMATIONS

DE L'ARMEMENT MODERNE

ET SUR SON EMPLOI DANS LE COMBAT

CONFÉRENCE LUE AUX OFFICIERS DE LA GARNISON D'ALEXANDRIE

Par le lieutenant-colonel G. CORNARA, du 11e régiment d'artillerie

(Extrait de la *Revista militare italiana*)

TRADUIT DU TEXTE ITALIEN

Par M. MAUREL, lieutenant au 121e régiment d'infanterie

AVEC L'AUTORISATION

De M. le lieutenant-colonel CORNARA et de l'Editeur de la *Revista militare italiana.*

(Extrait de la *Revue militaire universelle*)

PARIS || LIMOGES

11, PLACE SAINT-ANDRÉ-DES-ARTS || 46, NOUVELLE ROUTE D'AIXE, 46.

HENRI CHARLES-LAVAUZELLE

Éditeur militaire.

1894

AVANT-PROPOS

L'étude que l'on va lire et qui est l'œuvre de l'un des écrivains militaires les plus remarquables de l'armée italienne renferme d'intéressants renseignements sur les poudres actuelles et présente un exposé complet des transformations de l'armement moderne ainsi que des principales modifications apportées de ce fait aux règles de la tactique. Les appréciations de l'auteur sont toujours fort justes, et, en ce qui concerne la tactique, en concordance parfaite avec les idées nouvelles qui se font jour en ce moment.

En un point seulement, M. le lieutenant-colonel Cornara paraît ne s'appuyer que sur des documents insuffisants : nous voulons parler de ses appréciations sur la mélinite, sur la poudre française sans fumée, et plus particulièrement sur le fusil modèle 1886. Le jugement qu'il porte sur notre armement est sévère, mais l'insuffisance de renseignements semble être du moins la principale cause de cette sévérité. C'est là, en effet, ce qui paraît résulter de certain passage où l'auteur traduit le mécontentement qu'il éprouve de n'avoir pu se procurer les tables de tir du fusil modèle 1886.

Quoi qu'il en soit, du reste, le lecteur verra luimême l'exagération là où elle existe, et nous avons pensé qu'il ne pouvait être mauvais, à divers points de vue, de montrer la façon dont les écrivains militaires en Italie paraissent apprécier la valeur de l'armement français.

L'ouvrage comprend deux parties bien distinctes.

La première, d'ordre technique, traite spécialement de l'armement de l'infanterie et de l'artillerie; l'auteur entre dans des détails très étendus au sujet des nouvelles poudres en service et principalement de la balistite; il se montre grand partisan des tendances actuelles de l'artillerie et préconise les canons à tir rapide, les affûts à bouclier et aussi le principe du matériel à la Stanhope. D'accord en cela avec tous nos écrivains militaires, c'est dans cette voie qu'il désire voir s'engager les recherches des perfectionnements à apporter à l'artillerie moderne.

Dans la deuxième partie sont passés rapidement en revue les méthodes d'emploi des armes nouvelles et tous les changements que les progrès incessants de l'armement ont introduits dans les règles du combat. L'ensemble des principes qu'il met en avant et qu'il discute constituent comme le fondement de la tactique actuelle. C'est ainsi qu'il conclut, avec M. le général Philebert, qu'avec les armes nouvelles c'est surtout de loin que l'infanterie devra faire usage de son feu.

Pour l'artillerie, l'auteur, en quelques pages, arrive rapidement à des conclusions nettes et précises, véritable résumé des principes nouveaux qui doivent régler l'emploi tactique de cette arme : grande rapidité du tir, fût-ce même parfois un peu au détriment du réglage, dans le tir des Schrapnells; promptitude dans le réglage, qui doit assurer naturellement une supériorité incontestable sur l'adversaire qui se sera laissé devancer; nécessité de couvrir les batteries par des masques naturels ou artificiels, de pousser l'artillerie en tête des colonnes, enfin d'engager la lutte d'emblée avec toutes les forces disponibles, mais non prématurément cependant.

Il constate, en terminant, que les perfectionnements nouveaux profitent surtout à l'artillerie de la défense; mais il condamne d'une façon absolue le principe de la défensive passive.

La conclusion de cette étude, pour l'auteur, est que, s'il est vrai que les perfectionnements apportés à l'armement doivent entraîner une révolution radicale dans l'art de la tactique, les principes sur lesquels s'appuient les règles de cet art restent intacts et que ces règles ont encore assez d'élasticité pour répondre aux exigences nouvelles; enfin, le rôle de l'instruction devient de plus en plus prépondérant et la supériorité restera acquise à l'armée qui, dès le temps de paix, aura réussi à se donner les meilleurs cadres.

CONSIDÉRATIONS TECHNIQUES

SUR LES TRANSFORMATIONS DE

L'ARMEMENT MODERNE

ET SUR SON EMPLOI DANS LE COMBAT

I

L'histoire militaire de tous les temps et de tous les pays montre qu'à chaque nouvelle transformation de l'armement correspondent nécessairement des changements dans la formation des armées, dans leurs dispositions organiques, ainsi que des changements d'ordre stratégique affectant également les formations de combat et plus spécialement la tactique du champ de bataille. Bien plus encore que les dernières campagnes, la prochaine guerre qui éclatera entre les armées de deux grandes nations sera donc féconde en enseignements. Jamais, en effet, autant que dans ces derniers temps, les perfectionnements apportés aux armes de guerre, portatives ou autres, n'avaient été aussi considérables.

Les immenses progrès réalisés dans ces vingt dernières années par la science et les arts, principalement par la chimie et la métallurgie, ont contribué et continuent chaque jour encore à accroître la puissance du matériel de guerre dans des proportions qui eussent paru fantastiques quelques années auparavant.

Qui pourrait dire où s'arrêteront l'intelligence et l'activité humaines?

C'est au milieu de l'admiration générale que l'on parle aujourd'hui des nouveaux perfectionnements des armes de guerre, et cependant l'étonnement causé par les résultats des dernières inventions n'a pas encore pris fin que déjà surgit la nouvelle d'une autre invention plus merveilleuse et plus féconde encore.

Enorme, presque incroyable, paraissait aux yeux de tout le monde la vitesse initiale de 600 mètres, et voilà que l'on parle maintenant d'une vitesse de plus de 700 mètres, obtenue en Allemagne avec des canons de campagne, et de la vitesse de 840 mètres à laquelle les Français sont arrivés avec le canon de 155 millimètres.

A une semblable activité dans la recherche des perfectionnements apportés aux machines de guerre correspond d'ailleurs un égal empressement dans l'étude des effets produits, tendant à déterminer d'un côté le meilleur mode de leur emploi, et de l'autre les moyens de parer aux dommages que l'ennemi pourra nous causer en les utilisant contre nous.

On sait qu'aujourd'hui deux camps bien distincts se partagent tous ceux qui s'intéressent aux choses militaires : les uns pensent que les grandes transformations opérées rendent indispensable une véritable révolution dans l'art si complexe de la guerre; les autres, au contraire, sont d'avis que, si grands que soient les progrès accomplis de nos jours dans la question de l'armement, il ne sera nullement besoin d'apporter des modifications radicales soit à la constitution organique des armées, soit aux formations ou aux mouvements tactiques du champ de bataille.

Dans le premier camp se rangent de préférence les écrivains français; dans le second, les écrivains allemands les plus renommés.

C'est là, d'ailleurs, une question toute d'appréciation personnelle ; les résultats effectifs de la prochaine guerre pourront donc seuls la résoudre, si toutefois une solution complète est encore possible.

Mon intention n'est pas de rechercher ici lequel des deux partis est le plus près de la vérité, ni même de proclamer le mode suivant lequel devront être menées les guerres futures. Mon but est seulement de rappeler en quelques mots les principaux perfectionnements apportés aux armes de guerre dans ces derniers temps, ainsi que tous ceux qui sont encore à l'étude et paraissent devoir être prochainement adoptés dans les armées européennes. De leur exposé, je déduirai ensuite quelques-unes des conséquences immédiates qu'elles entraîneront forcément sur le terrain de l'action.

II

La mise en service des armes à canon rayé, puis à chargement par la culasse, tout en conservant les calibres de 17 millimètres en usage déjà dans plusieurs armées, avait considérablement augmenté les portées utiles, la justesse du tir et la rapidité du feu. Les innovations les plus importantes qui se soient produites depuis sont les mécanismes de toute sorte pour le tir à répétition, la réduction successive du calibre et l'emploi des poudres dites sans fumée ou poudres blanches.

Ces transformations ont été déjà adoptées ou le seront définitivement, d'une façon presque identique, dans toutes les armées sans distinction ; il est donc possible de dire que les résultats obtenus dans chaque armée sont équivalents.

Les plus remarquables de ces résultats sont : l'augmentation de la rapidité du tir ; celle de la portée, de la rasance, de la justesse ; enfin, la suppression presque complète de la fumée au départ du coup.

Il ne serait pas juste, d'ailleurs, de prétendre que ces perfectionnements reposent sur des principes nouveaux ; mais ils constituent, en fait, une application nouvelle de principes déjà connus.

On sait que c'est en **Amérique**, il y a longtemps déjà, que sont venus au jour les deux. types principaux d'armes de guerre à répétition, à magasin fixe : le Spencer, à magasin dans la crosse, et l'Henry Winchester, à magasin dans le fût. On sait aussi comment la Suisse, dès 1869, a adopté la carabine Weterli à répétition, à magasin dans le fût, d'où dérivent nos armes modèle 1870, à chargement coup par coup. On n'ignore pas non plus comment l'étude des armes à répétition fut entreprise chez nous dès l'adoption du fusil modèle 1870 et que le résultat de ces recherches fut un nouveau fusil Weterli, de tous points semblable à la carabine suisse, mais susceptible de pouvoir servir, à volonté, dans le tir à répétition ou coup par coup. L'apparition de cette arme est bien antérieure à l'époque où les approvisionnements constitués nous permirent de commencer la livraison du modèle 1870 à notre infanterie.

Bien que marquant sur les armes américaine et suisse un progrès assez sérieux pour parer aux principaux inconvénients techniques qui leur étaient reprochés, et contrairement à l'avis de quelques-uns, cette nouvelle arme ne fut même pas adoptée chez nous pour l'armement de quelques corps spéciaux tels que les carabiniers ou la cavalerie légère, ainsi qu'avait fait l'Autriche dans l'adoption du système Frühwirth pour la carabine de gendarmerie modèle 1870. Ce système, qui est, pour ainsi dire, le prototype de beaucoup d'autres, venus depuis cette époque, est à magasin fixe dans le fût, à auget, et peut utiliser à volonté le tir coup par coup ou à répétition.

Si l'on tient compte des modifications nécessaires pour adapter le système au mécanisme de fermeture qui en assure le fonctionnement, à ce type se rattachent encore, en dehors du système Frühwirth, le Kropatschek de la marine française, des gendarmeries bosniaque et anglaise, et du Portugal ; le système Bertoldos en usage dans notre marine, le Jarman norwégien, le Mauser turc ; enfin, le fusil Lebel, qui n'est autre chose que le fusil Gras (1) complété par le mécanisme Kropatschek.

Ces fusils à magasin fixe dans le fût, contenant en général 8 cartouches (le portugais seul en renferme 9), sont tous affectés de plusieurs inconvénients parmi lesquels il faut noter : l'impossibilité d'approvisionner rapidement le magasin, si l'on veut continuer le tir à répétition après son épuisement complet ; l'excédent de poids et le changement d'équilibre qui surviennent après le chargement du magasin ; l'affaiblissement du fût ; enfin, le prix élevé de ces armes.

C'est dans le but de remédier à ces inconvénients réels que l'on eut l'idée, il y a une dizaine d'années, de munir les armes de magasins mobiles pouvant s'adapter à n'importe quel système de fermeture. La première combinaison de ce genre fut le chargeur Krnka, dont l'idée première paraît venir des cartouchières en usage depuis longtemps déjà parmi les chasseurs ; son seul but était d'épargner au soldat la double perte de temps nécessaire pour aller chercher la cartouche dans la giberne et la porter dans la culasse ; la rapidité de tir ainsi obtenue était moindre évidemment que celles des quelques coups contenus dans le magasin des armes à répétition proprement dites, mais bien supérieure cependant à ce que l'on pourrait croire tout d'abord. L'infanterie russe, qui avait adopté le système Krnka et qui l'a abandonné depuis, se sert maintenant d'un moyen analogue pour obtenir une grande rapidité de tir ; la seule différence entre les deux systèmes consiste en ce que, au lieu de munir l'arme d'un magasin métallique mobile, on place un nombre

---

(1) Il est inutile de faire remarquer que si le fusil modèle 1886 est un dérivé du fusil 1874, les perfectionnements apportés à l'original sont tellement considérables et d'une telle importance qu'ils font de l'arme nouvelle un véritable type.

important de cartouches dans des espèces de sachets en cuir cousus par les deux extrémités sur la capote à hauteur de la poitrine. Comme dans le chargeur Krnka, le culot des cartouches faisant saillie en dehors des sachets permet de les retirer facilement et sans perte de temps.

Plus tard, après avoir réalisé cette première économie sur le temps nécessaire pour porter la cartouche dans le canon, on pensa encore à réaliser le chargement automatique tel qu'il est obtenu dans les fusils à répétition à magasin fixe dans le fût ou dans le talon de la crosse. C'est ainsi que furent d'abord proposés le système Lee, en service actuellement en Angleterre, puis le système Lœwe, tous deux à magasin mobile, s'adaptant en-dessous de la culasse et assez semblables, d'ailleurs, aux magasins chargeurs des mitrailleuses des divers types.

Viennent ensuite les différents systèmes à chargement rapide, pouvant se recharger rapidement par le moyen de nouveaux paquets ou chargeurs préparés à l'avance. C'est à ces différents systèmes que se rattachent le Vitali, adopté chez nous pour les armes modèle 1870-1871 et appliqué en Hollande, dans le modèle 1888, au fusil Beaumont modèle 1871 : le Mannlicher, peut-être le plus simple entre tous (1), qui fut adopté en Autriche en 1886, puis en Allemagne et en Bulgarie en 1888 ; le fusil danois Krag-Jorgenses ; enfin, le Rubin-Schmidt, adopté en Suisse l'année dernière et dont le magasin est celui qui contient le plus grand nombre de cartouches, puisqu'il en renferme 12, alors que ceux de toutes les autres armes étrangères n'en renferment pas en général plus de 5.

---

(1) Le chargeur Mannlicher du fusil autrichien présente cependant un inconvénient assez grave ; par suite de sa disposition en forme de parallélogramme, son introduction dans le magasin n'est possible qu'à la condition qu'il se présente toujours dans le même sens devant l'entrée. Cet inconvénient a été évité dans la construction de la carabine française de cavalerie modèle 1886.

Ces systèmes à répétition avec magasin à l'extérieur sont-ils exempts de toute espèce d'inconvénients ?

Assurément non. S'il est vrai, en effet, qu'ils permettent de continuer le tir à répétition bien plus longtemps que les systèmes à magasin interne, ils nécessitent cependant, si l'on excepte toutefois le système Schmidt (1), le rechargement ou plutôt l'échange du magasin à intervalles très rapprochés, par suite de l'exiguïté de ce dernier. Sans compter que de semblables opérations ralentissent naturellement le tir, il faut remarquer qu'elles s'imposent au moment même où l'excitation atteint son comble, dans ces instants où les choses les plus simples et les plus faciles à faire apparaissent hérissées de difficultés. Ce système élimine cependant l'inconvénient que présente le défaut d'équilibre qui fatigue le soldat et l'empêche de bien pointer son arme ; mais au prix de quel sacrifice, puisque l'on est obligé de munir le soldat de magasins de rechange ou de paquets de chargeurs ! Dans l'un comme dans l'autre de ces deux systèmes distincts, à magasin intérieur ou extérieur, les inconvénients peuvent en somme balancer les avantages.

Ceci suffit à expliquer comment, pendant si longtemps, aucune des grandes puissances n'a osé adopter l'arme à répétition, bien que les types de cette arme aient toujours été si nombreux. Ces considérations expliquent aussi comment l'exemple de la première qui s'est lancée dans cette voie a été à bref délai suivi par toutes les autres, et comment chacune a dès lors choisi le système qu'elle préférait. Des raisons d'ordre moral bien plus que des raisons d'ordre technique ont poussé chacun à l'adoption du principe de la répétition, et on peut dire que cette transformation, loin

---

(1) Le système Schmidt est constitué par un magasin, sorte de boîte en fer-blanc renfermant douze cartouches disposées sur deux colonnes et chevauchant les unes sur les autres : ce magasin présente le grand avantage de pouvoir être rempli soit cartouche par cartouche, soit par six à l'aide de chargeurs en carton.

d'avoir été spontanément désirée, a été subie comme une nécessité, afin de ne pas placer le soldat dans des conditions d'infériorité morale vis-à-vis de l'étranger.

Cependant, ces deux systèmes ne constituent assurément pas le dernier mot de la question (1). Si on les accepte et si l'on accepte ainsi la nécessité d'approvisionnements considérables qui en est la conséquence naturelle, la meilleure solution, à ce jour, du problème du maximum de vitesse à donner au tir est fournie assurément par les fusils qui utilisent la force du recul.

L'idée première en revient à l'Américain Maxim et jusqu'ici c'est encore lui qui a présenté la meilleure solution pratique. On sait en effet que c'est à cet inventeur que l'on doit, par application de ce principe, la construction d'un fusil et d'une mitrailleuse à un seul canon qui passent pour être de véritables merveilles de la mécanique.

Le fusil Maxim, à magasin central et barillet tournant, pouvant contenir huit cartouches, permet le tir coup par coup, le tir à répétition intermittent et le tir à répétition continu; ces trois genres de tir s'exécutent avec la plus grande simplicité. Pour le tir coup par coup, trois mouvements suffisent : mettre la cartouche dans la cuvette, presser sur un loquet, puis sur la détente. Pour le feu à répétition intermittent, on utilise les cartouches du magasin et un seul mouvement suffit : presser sur la détente après avoir pointé. Pour le tir continu, un seul mouvement suffit encore : presser sur la détente d'une manière continue; le feu s'exécute alors avec une rapidité dont on arrive difficilement à se faire une idée.

On passe du tir coup par coup au tir à répétition en poussant simplement le loquet d'arrière en avant. Le tir continu peut être cessé ou reprendre à volonté et instantanément.

---

(1) Le système Giffard marque une direction aux efforts qui doivent être tentés dans ce sens.

Un semblable fusil est dès lors une véritable mitrailleuse entre les mains de chaque soldat ; ce dernier n'a plus ainsi à supporter la fatigue qui résulte de la manœuvre de la culasse ni la poussée de l'arme contre l'épaule à chaque coup, puisque le recul se trouve presque complètement supprimé.

Cette complication des fonctions de l'arme tendrait à la faire supposer de construction assez complexe et délicate ; il n'en est rien. Elle est au contraire simple et robuste.

Le tir continu d'une telle arme, si l'on songe à l'énorme rapidité avec laquelle il peut être exécuté, pouvait être considéré simplement comme un gaspillage inutile de munitions alors que l'on se servait de la poudre noire donnant production de fumée ; même sous l'action d'un vent violent assez fort, cette dernière devait nécessairement rendre impossible toute espèce de pointage, si grossier fût-il. Avec l'adoption des poudres sans fumée, cette objection tombe toute seule.

Les huit coups du magasin sont vite épuisés, instantanément pour ainsi dire ; sur le champ de bataille, au moment suprême du besoin, il peut se faire que le magasin soit vide. Au moment où l'on en aurait le plus besoin, le fusil ne pourrait plus ainsi tirer à répétition, car on ne peut songer à approvisionner le magasin pendant les moments critiques du combat.

Pour renverser cette dernière objection, Maxim a déjà proposé, dit-on, quelques modifications à son fusil ; une de ces modifications consiste à placer, en plus du magasin-barillet, un second magasin dans le fût. Le nombre des coups tirés à répétition est ainsi porté de huit à douze ; le poids mort de l'arme est réduit sans que sa solidité en souffre et sans que le maniement de l'arme pendant le tir devienne trop pénible, puisque le recul ne se produit plus.

Pour toutes ces raisons, il ne faudrait pas s'étonner de

voir quelque puissance adopter cette arme formidable, sinon pour son armée entière, tout au moins pour des corps spéciaux formés d'hommes d'une intelligence et d'une discipline éprouvées. Car, certainement, on peut dire que le fusil Maxim réalise le type de l'arme idéale pour le soldat intelligent et d'une discipline parfaite (1).

D'autres inventeurs ont porté leurs recherches du côté de l'utilisation du recul du fusil, au moment du départ du coup; chez nous, le major Freddi, de notre corps d'artillerie, a proposé, en premier lieu, une modification de l'arme modèle 1870 basée sur ce principe, puis ensuite une arme nouvelle qui, si je ne me trompe, doit être expérimentée ces jours-ci à l'Ecole de Parme (2).

Réduction du calibre.

L'idée même de la réduction du calibre n'est pas nouvelle, nous l'avons dit ; elle vit le jour presque aussitôt que la mise en service de la balle cylindro-ogivale (3). Dans la suite, elle s'affirma d'une manière définitive avec le Dreyse, qui fut le premier fusil se chargeant par la culasse adopté par les armées modernes.

---

(1) Les complications que présente la construction du fusil Maxim, et surtout les difficultés d'emploi de cette arme à la guerre (si on lui fait subir encore les modifications indiquées) empêchent que l'on puisse la considérer comme une bonne arme de guerre, au sens absolu du mot, c'est-à-dire comme une arme susceptible d'être adoptée pour l'armement général des armées. Tout au plus pourra-t-elle convenir pour des troupes recrutées d'une façon spéciale. (Note de l'auteur.)

(2) Le bruit court que ces expériences, aujourd'hui terminées, auraient donné des résultats favorables à l'adoption d'une arme du type Mannlicher, modifié. (Note de l'auteur.)

(3) On sait que dans le Caucase et en Sardaigne il est fait usage, de temps immémorial, de fusils à long canon et à âme lisse, lançant de petites balles rondes de calibre réduit ; la carabine fédérale suisse, se chargeant par la bouche, et adoptée en 1851, était déjà une arme de petit calibre. (Note de l'auteur.)

Plus tard, mais cependant encore avant 1870, tous les avantages de cette transformation furent démontrés jusqu'à l'évidence dans un livre, pour ainsi dire classique, dû à von Plœnnis, de l'armée bavaroise, le premier peut-être et, dans tous les cas, l'un des plus tenaces promoteurs de l'abaissement du calibre jusqu'à 10 millimètres.

Mais de nombreuses raisons, toutes sérieuses, s'opposaient à l'adoption du principe de la réduction du calibre pour l'infanterie des diverses armées. Les principales étaient : la nécessité de l'abandon de l'immense matériel existant ; les difficultés de fabrication des armes à petit calibre, principalement pour le tracé des rayures, et la difficulté de fabrication des munitions ; enfin, l'embarras où l'on se trouvait pour obtenir un métal suffisamment résistant pour le canon de l'arme.

A la suite de l'adoption du Chassepot, vers 1867, par l'armée française, les différentes nations passèrent outre à la première de ces raisons, celle des sacrifices pécuniaires ; c'est ainsi que nous avons vu adopter partout, vers 1870, de nouvelles armes, dont le calibre variait cependant entre 10 et 11 millimètres, quoique l'on connût déjà à ce moment tous les avantages des calibres plus réduits encore.

Chez nous aussi la question d'adopter un calibre bien inférieur à 10,35 fut plus d'une fois agitée au sein de notre ancienne commission de l'armement. Mais, jusqu'à ces derniers temps, cette idée a toujours trouvé devant elle l'impossibilité d'ordre technique dont j'ai déjà parlé.

Désormais, le principe de la réduction du calibre est définitivement adopté, ou le sera bientôt, dans toutes les armées, et les nouveaux calibres oscillent entre 7 et 8 millimètres.

Leurs avantages sur les calibres de dimensions supérieures sont connus : à poids égal de l'arme, plus grande puissance balistique et légèreté des munitions, sans augmentation du recul.

La puissance balistique d'une arme croît avec la vitesse

du projectile. Mais en même temps, à mesure que la vitesse augmente, et pour un même poids de l'arme et du projectile, on voit s'élever la fatigue que le recul impose à l'épaule de l'homme, fatigue qui doit évidemment avoir une limite. Pour la diminuer sans amoindrir la vitesse, il faudrait soit augmenter le poids de l'arme, soit diminuer celui du projectile. Ce qui le démontre, c'est que, par suite de la loi sur l'immobilité du centre de gravité du système au départ du coup, la quantité de mouvement imprimée à l'arme, c'est-à-dire le produit de son poids par la vitesse du recul, est égale à la quantité de mouvement absorbée par le projectile, c'est-à-dire au produit de son poids par la vitesse initiale. Or, le poids de l'arme ne peut dépasser une certaine limite, car il imposerait au soldat une fatigue beaucoup trop grande, et on est convenu qu'un bon fusil de guerre doit peser, sans baïonnette, 4 kilogrammes ou 4^k,500 au plus. D'un autre côté, si l'on diminuait le poids du projectile sans toucher au calibre on le rendrait certainement moins propre à vaincre la résistance de l'air, et la trajectoire, même avec une grande vitesse initiale, certainement serait tendue au départ, près de la bouche de l'arme, mais ne tarderait pas à s'infléchir beaucoup plus que si le projectile avait été plus pesant.

La résistance opposée par l'air à la marche du projectile est, on le sait, en raison directe d'une certaine et variable puissance de la vitesse, en raison directe aussi de la surface que le projectile présente dans le sens du mouvement, et en raison inverse de son poids : d'où il ressort que, pour un même calibre et une même vitesse, le projectile le plus lourd est celui qui se trouve dans les meilleures conditions pour vaincre la résistance de l'air, toutes choses étant égales d'ailleurs. C'est pour cela que le métal employé dans la fabrication est en général le plomb, dont la densité est considérable, et que l'on propose en ce moment, en Allemagne, des projectiles en tungstène, métal d'une densité presque égale à celle de l'or, mais d'un prix encore assez élevé.

Pour une même densité de métal, plomb ou tungstène, et pour un même calibre, on doit nécessairement donner la préférence au projectile le plus long, qui sera naturellement aussi le plus lourd. Mais, si l'on augmente la longueur du projectile pour accroître son poids et diminuer, par suite, la résistance de l'air, la vitesse se trouve diminuée pour une même charge ; si l'on augmente la charge afin de maintenir la même vitesse, le recul de l'arme ne tarde pas à dépasser la limite dont nous avons parlé, et les qualités de résistance que doit posséder le canon de l'arme, pour ne pas éclater ou se déformer au départ du coup, deviennent de plus en plus difficiles à obtenir.

D'un autre côté, si l'on augmente la longueur du projectile, il faut encore mettre la vitesse de rotation en rapport avec la vitesse de translation ; en d'autres termes, il faut diminuer le pas des rayures et, là aussi, les difficultés du travail imposent une limite.

En résumé, l'on peut voir que les bonnes qualités que doit posséder une arme de guerre : poids modéré et fabrication facile de l'arme, grande vitesse du projectile et bonne constitution au point de vue de son déplacement dans l'air, stabilité, c'est-à-dire justesse du tir ; enfin, recul modéré, sont toutes des conditions contradictoires.

Si l'on diminue le calibre de l'arme sans toucher à son poids, on peut à la fois : et augmenter la longueur du projectile (que l'on exprime en calibres) pour accroître la masse par unité de section, et donner au projectile une vitesse plus grande, tout en se tenant dans les limites imposées par la force et la résistance du soldat ; on rend ainsi le projectile plus propre à surmonter la résistance de l'air et des milieux solides.

Le calibre de 7 et 8 millimètres, qui a été adopté dans ces trois dernières années, d'une façon générale, n'est certainement pas le meilleur, si on le considère au seul point de vue balistique. Un calibre plus réduit encore serait préférable, car on ne peut admettre comme ayant un fondement sérieux l'objection formulée, il y a quelques années, en Angleterre, contre les projectiles de petit calibre, auxquels on reprochait de n'avoir plus une masse suffisante pour les besoins de la guerre. Cet argument, en effet, doit être réservé pour les bouches à feu dont le but est de détruire des milieux très résistants et d'agir par l'éclatement du projectile. Pour les armes portatives, au contraire, destinées à mettre hors de combat, par le seul choc du projectile, des hommes et des chevaux, dont la résistance à la pénétration est faible et qu'il n'est pas indispensable de réduire en morceaux, une masse considérable serait superflue, et il suffit seulement que cette masse soit en rapport avec la surface, restreinte d'ailleurs, sur laquelle se produit le choc. Or, dans les projectiles de calibre réduit, plus longs que les anciens en proportion même du calibre, le rapport de la masse à la surface sur laquelle se produit le choc est bien plus considérable, et par suite plus considérable est encore la puissance de pénétration.

Au calibre de 8 millimètres appartiennent les nouveaux fusils de la France, de l'Autriche, du Danemark, de la Bulgarie, du Portugal et du Japon qui, en 1889, a adopté le fusil du capitaine Mourata, arme à verrou et à répétition avec le magasin dans le fût. Ont adopté (1) un calibre plus

---

(1) L'Autriche a fabriqué, à Steyer, une arme de 6^{mm},5, qui a de grandes ressemblances avec le fusil allemand modèle 1888. Elle en diffère par le canon, qui est recouvert d'un garde-main en bois jusqu'à la grenadière et n'est plus entouré d'un manchon. Le mécanisme de culasse est simplifié par l'adoption d'un éjecteur en forme de semelle qui coulisse dans une rainure longitudinale de la tête mobile. La balle pèse 10 grammes ; la cartouche à bourrelet contient 2^{gr},6 de poudre modèle 1890 et ne pèse que 22^{gr},7. Vitesse initiale, 710 mètres.

faible encore : l'Allemagne avec 7,9, l'Angleterre avec 7,7, la Suisse avec 7,5, la Belgique avec 7,65.

Chez nous, aussi bien qu'en Russie, en Turquie, en Espagne et dans les autres petits États européens, le calibre réduit n'a pas encore été adopté.

Il y a peu de temps, on a pu lire dans plusieurs revues techniques que le calibre de 5 millimètres avait été longuement expérimenté en Russie et que ces expériences avaient été couronnées de succès ; mais, malgré l'excellence des résultats obtenus, le Ministre de la guerre s'était, disait-on, décidé pour l'adoption du calibre de 8 millimètres.

Les journaux politiques, principalement les journaux français, donnèrent l'explication de la décision du Ministre russe, avant même qu'elle fût connue, en affirmant que, par contrat spécial, la France cède à la Russie une grande quantité de fusils Lebel avec les approvisionnements de munitions nécessaires. Cette nouvelle n'ayant guère été démentie, on doit en conclure que le choix du calibre de 8 millimètres par la Russie est dû à des considérations d'ordre politique et financier plutôt que d'ordre technique (1).

Chez nous, on dit que si le nouveau calibre n'est pas encore adopté, par suite de l'indécision qui existe sur le type d'arme auquel on l'appliquera, il est cependant déjà établi, à la suite d'expériences concluantes, que ce calibre sera de 6^{mm},5. On est donc pour ainsi dire fixé sur le canon et sur la cartouche.

Nous aurons ainsi une fois encore, comme déjà dans la période de 1870 à 1887, l'arme du calibre le plus réduit qui

---

(1) Des renseignements ultérieurs tendraient à nous faire croire que la Russie a définitivement adopté le calibre de 7^{mm},6. (Note de l'auteur.)

L'arme russe est construite au moyen de l'adjonction de la culasse mobile française et du système à répétition du fusil belge. Le calibre est bien de 7^{mm},62 ; la cartouche est à bourrelet.

soit en usage dans toutes les armées, et aussi, nous ne craignons pas de le dire, l'arme la plus avantageuse.

L'arme modèle 1870 étant, d'ailleurs, d'un calibre assez réduit pour nous permettre de bénéficier des avantages du petit calibre, nous pouvons attendre avec calme le moment opportun pour un changement radical.

En attendant, et dans ce but, on a adopté la cartouche à balistite modèle 1890, qui augmente d'une façon notable les propriétés balistiques de notre arme actuelle.

Les poudres blanches.

En même temps que l'on cherchait à pousser la réduction du calibre des armes nouvelles jusqu'à ses dernières limites, la question du perfectionnement des poudres noires était sérieusement étudiée.

Chez toutes les nations, des expériences nouvelles étaient faites sur de nouveaux dosages, sur de nouveaux procédés de fabrication ainsi que sur de nouveaux systèmes de chargement des cartouches. C'est ainsi qu'en Angleterre la fameuse maison Curtis and Harvey et peu après, en Allemagne, les poudreries de Rottweil obtenaient des poudres douées à la fois d'une puissance et d'une régularité dans leurs effets inconnues jusqu'à ce jour, avec un dosage de 77 parties de nitre, 13 de carbone et 10 de soufre qui est celui qui produit la plus grande quantité de calories, ou, si l'on veut, de travail dynamique. Le mélange intime des trois éléments était obtenu par les trois procédés combinés des tonneaux, des meules et de presses en fonte qui atteignaient jusqu'au poids de 6,000 kilos. Ces machines sont du type de celles qui viennent d'être remises en service chez nous (1).

---

(1) Je dis : « remises en service », parce que ces machines étaient employées chez nous depuis longtemps et qu'on ne les avait aban-

En Angleterre, en Suisse et en Autriche on expérimenta en même temps des charges de poudre comprimée, en un seul grain, de forme semblable à la capacité intérieure de la chambre du fusil et perforé suivant l'axe ; cette poudre fut même adoptée en Autriche il y a quatre ou cinq ans pour l'ancien fusil Werndl. Dans ce même pays, par le procédé de fabrication Lorenz on arriva à obtenir des grains de densité décroissante du centre à la périphérie ; la combustion de la poudre se faisait ainsi avec une vitese croissante, c'est-à-dire à mesure que le projectile, dans son mouvement de progression à travers le canon, augmentait l'espace laissé libre au développement des gaz.

On avait ainsi atteint le but poursuivi, qui était d'augmenter considérablement le poids de la charge et par suite la vitesse du projectile, tout en maintenant les pressions dans des limites relativement peu élevées et supportables pour le canon de l'arme. C'est ainsi qu'on était parvenu à avoir dans des fusils de petit calibre, et avec des charges qui atteignaient le tiers du poids du projectile, des vitesses initiales comprises entre 500 et 550 mètres à le seconde. Avec notre fusil, sans augmentation de la charge, et avec une poudre fabriquée à Fossano par le procédé indiqué plus haut et qui fut adoptée en 1887, on était parvenu à une vitesse de 480 mètres.

La rasance et la justesse du tir se trouvaient ainsi considérablement augmentées, mais deux graves inconvénients restaient toujours : nous voulons parler de l'encrassement de l'arme et de la production de fumée, inconvénients inséparables des poudres ordinaires à réaction incomplète qui, quelque bonne que soit leur constitution, sont productrices

---

données que parce qu'elles sont coûteuses et que leur emploi présente des dangers.

Les vieilles machines piémontaises étaient du poids de 3 tonneaux.

(Note de l'auteur.)

de fumée et contiennent des sels métalliques (principalement du potassium et du salpêtre) non susceptibles de passer à l'état gazeux.

On dut alors recourir à d'autres explosifs (1). L'idée première en remonte vraiment à l'année 1846, époque où Schœnbeim et Bœttger, en Allemagne, fabriquèrent pour la première fois le fulmi-coton dont la combustion est très rapide et donne des produits complètement gazeux et abondants. Vers 1862, on adopta en Autriche le fulmi-coton préparé par la méthode Lenk, en fils enroulés en pelote, puis comprimés; il fut encore adopté en Amérique par les Etats-Unis du Nord. Mais l'instabilité de ces préparations, c'est-à-dire la facilité avec laquelle elles s'altèrent par l'action du temps ou font explosion spontanément, défaut grave et commun d'ailleurs à presque tous les explosifs quels qu'ils soient, les a fait presque aussitôt rejeter.

Dix ans plus tard, vers 1872, Abel, le fameux chimiste de l'arsenal de Woolwich, proposa un nouveau procédé de préparation du fulmi-coton, en vue de lui donner la stabilité qui lui faisait défaut et de le doter de bonnes qualités balistiques; ce procédé consistait à le réduire en une espèce de pâte, pour le purifier et le comprimer ensuite, comme on fait pour la poudre noire, en grains de forme et de dimensions convenables à l'emploi auquel on le destinait.

Mais l'expérience ne tarda pas à démontrer qu'on n'avait pas encore trouvé cette fois, pour le fulmi-coton pur et sec, un état de stabilité suffisant pour l'employer aux usages de la guerre (2).

---

(1) *Pyroxyles.* — Les pyroxyles résultent de la nitrification de la cellulose sous ses diverses formes : coton, paille, son. pâte de bois, etc.; la cellulose est la matière qui forme les parois des jeunes cellules végétales : la moelle du sureau, le coton, le lin, etc... sont de la cellulose presque pure; on la trouve à l'état de mélange dans les fibres ligneuses.

(2) Il est employé en France à l'état humide pour constituer la char-

Les études pour l'emploi du fulmi-coton et du coton binitrique continuent toujours. On sait que le colonel Schültze,
en Allemagne, et Johnson, en Angleterre, ont proposé
récemment, et avec de bons résultats, le mélange de cellulose binitrique avec d'autres substances dans le but de le
rendre plus stable et moins brisant dans ses effets. Ces éléments nouveaux sont, pour le colonel Schültze (1), du nitrate
de potasse, et pour Johnson, du nitrate de baryte et du
camphre.

En 1888, nous fûmes sur le point d'adopter la poudre
Johnson de la Smokeless powder Company, de Londres.
Cette préparation à base de cellulose binitrique, d'azotate
de baryte et de camphre, avait de bonnes qualités balistiques et ne produisait que fort peu de fumée. Les préten-
tions exagérées de la compagnie furent peut-être la cause
de sa non-adoption.

Depuis la découverte de l'acide picrique, le trinitrophenol
de l'industrie de la teinturerie, dont Sprengel, en Allemagne, avait démontré vers 1873 la grande puissance des-
tructive, les recherches des chimistes pour obtenir une
bonne poudre de guerre sans fumée, se concentrèrent
spécialement sur ce produit.

Le trinitrophenol s'obtient, on le sait, en traitant par l'a-
cide nitrique les acides carbolique et crésilique issus du
goudron de litantrax. On l'obtient encore en traitant avec le

---

gement des torpilles et quelquefois des fourneaux de mines ; à l'état
sec pour les charges d'amorce. Il peut être employé en floches ou
comprimé. Depuis quelque temps, en France et en Allemagne, on
tend à le remplacer par le coton-poudre paraffiné.

(1) La poudre Schültze obtenue par la nitrification du bois est livrée
au commerce ; elle brûle sans fumée et laisse peu de résidus ; sa force
est environ deux fois plus grande que celle de la poudre ordinaire,
mais sa densité très faible et son irrégularité la rendent impropre aux
usages de la guerre ; depuis 1882, la poudrerie de Sevran-Livry fabrique
une poudre de chasse dite au bois pyroxylé qui est analogue à cette
poudre.

même réactif la laine, la soie, l'indigo, la benzine et autres substances. A l'air libre, il brûle presque lentement en produisant une flamme épaisse de couleur jaunâtre et légèrement fuligineuse ; mais si l'on y met le feu en vase clos, comme il arrive dans les fusils ou les canons, avec un autre explosif puissant tel que le fulminate de mercure, il fait explosion avec une véhémence à peine croyable.

Il fut expérimenté aussi chez nous, au camp de Cirié, dans une bouche à feu de gros calibre, mais à très faible charge. Après l'explosion, on retrouva réduite en mille morceaux la partie postérieure de la bouche à feu, correspondant à la chambre à poudre ; le reste était intact. Le projectile ne parut pas avoir fait le moindre mouvement, tellement l'explosion avait été instantanée.

Pour atténuer la force brisante de l'acide picrique qui s'était montrée prodigieuse, plusieurs chimistes et parmi eux, le premier de tous peut-être, le professeur Parozzani, de l'institut technique d'Aquila, eurent l'idée de recourir aux picrates.

La poudre Parozzani, que j'ai expérimentée moi-même pendant quelque temps avec des armes modèle 1870-1887, paraît avoir été obtenue simplement par l'immersion du fulmi-coton binitrique dans une solution de dextrine, puis dans une autre solution de picrate de potasse. Sous forme de flocons, cet explosif produisait en éclatant des différences énormes de vitesse d'un coup à l'autre ; de la vitesse de 300 mètres environ obtenue avec une charge d'un peu plus de 1 gramme, on sautait quelquefois au coup suivant à une vitesse supérieure à 500 mètres, avec des pressions que l'on ne mesurait pas, mais que les gonflements des parties du corps de la cartouche correspondant aux encastrements de a chambre et quelquefois les gonflements du canon faisaient pressentir très fortes et bien supérieures certainement à celles que comportent la résistance normale des armes à feu.

Réduit sous forme de grains de 1 millimètre de diamètre environ, cet explosif donna des résultats bien supérieurs qui poussèrent notre ministre de la guerre à faire l'acquisition du procédé de fabrication pour le perfectionner d'abord dans les établissements de l'Etat et substituer dans la suite cet explosif à la poudre ordinaire.

Pendant ce temps, la France adoptait la mélinite qui ne paraît être autre chose que la poudre Parozzani, avec substitution du papier au coton comme cellulose. L'adoption de la mélinite en France eut pour première conséquence de centupler l'activité des chimistes à la recherche de nouveaux explosifs et de pousser les gouvernements à encourager et favoriser ces études.

Il y a déjà deux ans, on connaissait une dizaine de poudres blanches aptes, prétendait-on, aux usages militaires ; aujourd'hui, il en existe peut-être une cinquantaine et chaque puissance en a adopté ou est en train d'en adopter une différente.

Bientôt la mélinite, on le sait, comme déjà le fulmi-coton de Lenk, montra qu'elle ne pourrait convenir par suite de son instabilité. Il est démontré qu'elle peut faire explosion par suite d'une réaction spontanée, ou se convertir peu à peu en sucre par suite d'une réaction lente (1).

L'immense quantité de cet explosif que les Français avaient fabriqué avec une précipitation trop grande, semble n'être guère utilisée par eux que pour le chargement des projectiles de la grosse artillerie, et cela encore non sans quelques inconvénients.

La mélinite, que les Français distinguaient par les lettres P B (poudre blanche, peut-être) n'est pas le seul explosif

____

(1) Cette assertion au sujet de la conservation de la mélinite paraîtra singulièrement exagérée si l'on considère que la faveur dont cet explosif a toujours joui en France depuis son apparition n'a jamais diminué et qu'il continue à servir presque exclusivement au chargement des projectiles de gros calibre.

employé en France aux usages de la guerre ; son apparition
fut suivie par celle d'une nouvelle poudre dénommée P N
(poudre nouvelle), préparée d'après une formule proposée, il
y a trois ans environ, par l'ingénieur Vieille. Pour ce qui est
de cet explosif, les Français se bornent à laisser entendre
que l'acide picrique est exclu de sa composition et disent
qu'elle est (1) « une poudre extrêmement ingénieuse dans
ses procédés de fabrication, merveilleuse dans ses effets
balistiques, d'une puissance de pénétration dépassant tout
ce qu'on peut imaginer. »

Il paraîtrait que cette poudre serait un mélange intime de
pyroxyline, c'est-à-dire de cellulose fulminante fortement
nitrée, dissoute dans du vinaigre, et de cellulose binitrique
dissoute dans l'éther ou l'alcool, avec le collodion employé
en pharmacie ou en photographie. Les deux substances
unies par l'action des dissolvants, que l'on fait évaporer
ensuite, forment une matière d'apparence gélatineuse
d'abord, que l'on peut ainsi travailler et réduire à la forme
que l'on veut, et qui peu à peu se dessèche jusqu'à prendre
la consistance de la corne. S'il est vrai que la poudre Vieille
soit ainsi obtenue, elle est loin de constituer une nouveauté
et surtout on ne peut dire qu'elle soit d'invention purement
française.

La propriété que possède la cellulose binitratée de se dis-
soudre et de se fondre avec la cellulose trinitrique, comme
dans la nitroglycérine et autres explosifs, moyennant l'action de dissolvants, avait déjà été signalée en Allemagne
par Nobel, l'inventeur de la dynamite, de la gélatine explosive et de notre balistite, et même en Angleterre.

D'un autre côté, ces prétendues merveilles de l'industrie

---

(1) La phrase entre guillemets est écrite tout entière en français
dans le texte italien ; l'auteur ne semble la rapporter que pour en montrer l'exagération excessive, manifeste à ses yeux.

française, sont aujourd'hui surpassées par beaucoup d'autres préparations.

On a proposé et expérimenté, entre autres poudres ou explosifs : la nitroglycérine découverte par notre compatriote Sobrero, la nitro-benzine, la nitro-naphtaline, la nitro-stéarine, la xyloïdine ou amidon nitré, en composition avec d'autres substances, inertes ou actives et suivant des procédés divers de fabrication.

L'Allemagne a adopté un explosif qui a été appelé « poudre modèle 1889 » dans les publications officielles, « poudre Nobel » dans d'autres publications et enfin, tout à la fois « poudre Nobel, modèle 1889 » dans les récentes publications des comptes rendus d'expériences des maisons Krupp et Grüson. Il paraîtrait par là que l'Allemagne elle-même aurait adopté comme nous la préparation Nobel, sous un autre nom, ou tout au moins une préparation se rapprochant beaucoup de celle qui est en service en Italie.

L'Autriche a adopté la poudre Schwab, qui paraît être à base de cellulose tétranitrique ; le Danemark et la Suisse ont adopté d'autres poudres spéciales qu'on ne connaît pas encore, mais qui toutes dérivent essentiellement de la combinaison de la cellulose nitratée avec un ou plusieurs des explosifs de la famille mentionnée plus haut, ou bien encore avec des nitrates de baryum de potassium ou d'ammonium. Des expériences, couronnées de bons résultats, dit-on, ont été faites en Russie sur une nouvelle poudre suédoise ; une préparation du genre Nobel était expérimentée en Angleterre, et l'on dit maintenant qu'une nouvelle substance, la cordite, a été proposée dans ce pays et semble définitivement adoptée. Le nom de cordite laisserait supposer qu'il ne s'agit encore que d'une nouvelle préparation, semblable aussi à la poudre Nobel, si toutefois ce n'est pas cette substance elle-même sous un autre nom qui lui viendrait précisément de sa disposition en cordonnet ; cette disposition permet de l'employer facilement pour le service de l'artillerie. Notre marine de guerre a usé de ce procédé pour faciliter l'emploi de la balistite dans ses bouches à feu, et on semble disposé à en faire de même pour les charges des bouches à feu de notre armée de terre (1).

Il y a peu de jours seulement, la nouvelle nous est venue de France, de la découverte d'un composé nouveau. Cet explosif, le Favrier, aurait, dit-on, une force d'expansion trente fois supérieure à celle de la mélinite. Nous ne tarderons pas à voir la valeur de cette nouvelle merveille, prônée par les journaux politiques, et sur laquelle il convient de faire des réserves.

Nous avons, nous, adopté la balistite.

Est-ce là une nouveauté ? Est-elle d'invention italienne ?

Non ; et on peut dire que depuis plusieurs années déjà elle était en service chez nous, sous un autre nom, c'est-à-dire sous la désignation de gélatine explosive. Elle est due, comme je l'ai déjà dit, au chimiste allemand Nobel, l'inventeur de la dynamite.

Comme la gélatine explosive, la balistite est un mélange gélatineux de nitroglycérine et de cellulose binitratée ; mais dans la gélatine explosive, la cellulose nitratée entre dans une proportion de 7 à 10 p. 100, alors que les proportions des deux composants de la balistite sont bien différentes ; la balistite renferme en effet beaucoup moins de nitroglycérine et beaucoup plus de cellulose nitratée.

En outre, dans le mélange des deux explosifs, Nobel introduisait au début une certaine quantité de camphre qu'il a remplacé aujourd'hui dans la balistite par une autre substance beaucoup plus appropriée parce qu'elle n'est pas volatile comme le camphre. L'introduction de ce nouvel agent, qui se vaporise complètement pendant l'explosion, a pour but d'atténuer quelque peu la violence de la déflagration des

---

(1) La balistite en fils vient en effet d'être réellement adoptée pour les bouches à feu de campagne et de montagne. (Note de l'auteur.)

deux corps principaux, de ralentir légèrement la combustion
de la composition, et d'en assurer davantage la stabilité.

J'ai parlé de composition ; la balistite est en effet une véritable composition chimique dans laquelle la cellulose nitratée est absorbée par la nitroglycérine ; elle est donc plus
qu'un mélange de trois substances diverses. Sans parler de
la masse parfaitement unie de la balistite qui ne présente
aucune trace des fibres du coton qui entre dans sa composition, cette absorption est démontrée par ce fait que 1,6 étant
la densité de la nitroglycérine et 1 la densité du coton nitré,
celle de la balistite, au lieu de dériver de la proportion des
substances composantes comme il adviendrait s'il s'agissait
d'un simple mélange, est encore 1,6 comme pour la nitroglycérine seule.

La balistite ne produit absolument pas de fumée et possède la propriété de pouvoir, sans subir la moindre altération, rester à l'air humide, ou même immergée sous l'eau
pendant plusieurs jours.

Réduite en fils, comme du vermicelle, ainsi que l'emploie
notre marine de guerre, et même maintenant l'artillerie de
l'armée de terre, elle brûle à l'air libre avec une vitesse de
combustion faible mais croissant cependant avec la quantité
d'explosif employé. Un seul fil brûle ainsi avec une vive
lumière blanchâtre à peu près comme un fil de magnésium
et il est facile de l'éteindre d'un souffle, comme l'on éteint
une chandelle. Si les fils sont au nombre de deux, la vitesse
de combustion est plus que doublée ; si l'on vient à mettre le
feu à l'extrémité d'un faisceau de fils, la combustion est encore plus rapide.

En vase clos, ce qui est pour ainsi dire le cas pour les
armes à feu, la combustion est naturellement plus rapide ;
mais avec les charges qui ont été employées jusqu'ici
chez nous, cette combustion reste toujours plus lente que
celle de la poudre noire, si l'on en juge par les tensions et les
vitesses produites. Ce fait doit être aussi attribué en partie

aux densités de chargement qui sont toujours plus faibles que celles de la poudre noire.

En résumé, comme toutes les matières pyriques, la balistite obéit à la loi découverte par l'illustre colonel de Saint-Robert et que j'ai appliquée moi-même avec fruit aux corrections de nos fusées à temps nécessitées par les variations que subit la pression atmosphérique en raison de l'altitude au-dessus du niveau de la mer.

Cette loi veut que les matières pyriques brûlent avec une vitesse proportionnelle aux pressions qu'elles supportent soit seulement de la part de l'atmosphère extérieure, soit de la part des gaz produits par leur propre combustion.

La balistite est d'une merveilleuse régularité de combustion. Si à un fil ou à un grain de cette poudre, à arêtes vives de 90°, on met le feu par une véritable flambée, comme cela se produit précisément au départ d'un coup de canon, la combustion s'opère régulièrement et avec la même vitesse sur les angles et sur les surfaces planes. Ce fait m'a été démontré par des débris de combustion incomplète de balistite en fils que j'ai ramassés moi-même par terre après le départ d'un coup de canon de 7 de campagne chargé avec 340 grammes de cet explosif. Ces débris étaient en effet bien plus fins que les fils primitifs, mais ils avaient conservé leurs arêtes vives et nettes, comme avant la combustion.

Cette grande régularité de combustion se traduit dans les armes par la régularité dans l'augmentation progressive des pressions internes des gaz, et par suite par la régularité des vitesses initiales des projectiles, ce qui revient à dire par la justesse du tir.

D'après les quelques expériences que j'ai été à même de faire avec le canon de 7 de campagne, j'ai pu constater que la justesse du tir avec la balistite est de beaucoup supérieure à celle que donne notre poudre à gros grains qui compte indubitablement parmi les meilleures des poudres congénéres. Cette lenteur et la régularité de la combustion font d'ailleurs que dans une arme quelconque, pour des vitesses égales obtenues avec la poudre noire et avec la balistite, la pression des gaz est avec cette dernière plus petite dans la chambre et plus grande vers la volée, point cependant où les pressions sont toujours plus faibles et où en général la résistance des parois de l'arme est excessive.

La balistite est maintenant parfaitement propre à être employée dans les fusils et dans les canons construits pour la poudre noire ordinaire ; mais quand on fera des fusils et des canons qui ne devront faire usage que de la balistite, il faudra peut-être les tracer de telle sorte qu'ils possèdent une chambre plus petite, une épaisseur de parois relativement moins forte à la culasse et plus considérable à la volée, une longueur d'âme plus grande, en déterminant naturellement pour chaque calibre la grosseur du grain qui conviendra le mieux à la longueur d'âme et à la vitesse que l'on aura déterminée à l'avance.

A égalité de poids, et on peut dire aussi de volume, puisque la balistite a presque la même densité que la poudre noire, la première est environ quatre fois plus puissante que la seconde. C'est ainsi que dans le fusil modèle 1870-1887, la nouvelle balle de 16 grammes prendrait avec une charge de 4 grammes de poudre noire ordinaire une vitesse de 490 mètres environ au lieu de 435, qui était la vitesse obtenue par la même charge avec la balle modèle 1871, pesant 20 grammes. Pour lui imprimer une vitesse initiale de 615 mètres, qui est celle que l'on obtient actuellement avec $2^{gr},4$ de balistite, il faudrait une charge de poudre ordinaire de $6^{gr},4$ environ et bien entendu encore, une longueur du canon de l'arme bien supérieure à celle du fusil actuel. A vitesse égale, pour un même travail dynamique, la charge de balistite doit être le tiers de la charge de l'ancienne poudre noire. Mais, avec une charge aussi réduite, la capacité de l'étui et de la chambre de l'arme ne variant pas, la densité de chargement de la cartouche modèle 1890 se trouve aussi considérablement diminuée.

Si maintenant cette densité de chargement restait la même, c'est-à-dire si l'arme et la cartouche avaient été construites pour être utilisées avec la balistite, on n'aurait plus besoin que de 1^{gr},6 de cet explosif, c'est-à-dire du quart de la charge de poudre, pour obtenir la même vitesse de 615 mètres.

Il en est de même pour nos canons de montagne et de campagne. Dans le canon de 9, par exemple, 480 grammes de balistite donnent la vitesse normale obtenue avec 1,450 grammes de poudre noire; dans le canon de 7, de campagne, 280 grammes de balistite correspondent à 850 grammes de poudre noire; enfin, dans le canon de montagne, 105 grammes de balistite remplacent 300 grammes de poudre noire à petits grains.

Dans notre nouveau fusil, la charge de balistite paraît basée sur le poids de la balle, dans le rapport de 1 à 5,5 en vue d'obtenir une vitesse initiale supérieure à 700 mètres. Si l'on voulait obtenir une semblable vitesse avec la poudre noire, on serait obligé d'établir la charge dans le rapport de 1 à 1,4 du poids du projectile, et le canon de l'arme devrait alors atteindre une longueur exagérée, afin de permettre la combustion complète de la charge entière pendant le trajet du projectile à l'intérieur du canon.

Puisque 1 kilogramme de poudre de guerre produit, comme on sait, par la combustion, une certaine quantité de gaz qui, ramenés à 0° de température et à la pression de 760^{mm}, occupent un volume de 200 litres environ, ou guère plus, et donnent environ 600 calories, on peut déduire de ce que l'on connaît déjà que 1 kilogramme de balistite produit un volume de gaz supérieur à 800 litres et plus de 1,250 calories.

On voit déjà que notre nouvelle arme sera celle de toutes les armes actuellement en service qui possédera la plus grande vitesse initiale, c'est-à-dire une vitesse de plus de 700 mètres. L'arme qui donne la plus grande vitesse initiale est actuellement le fusil Lee anglais, qui, avec la nouvelle poudre expérimentée en ce moment, atteint 686 mètres. Le fusil Lebel ne donne que 620 mètres; le Mauser-Mannlicher allemand, 643; et le Mannlicher autrichien, 630 mètres, avec la nouvelle poudre Schwab.

Notre cartouche sera également d'un poids sensiblement inférieur à celui de toutes les autres, $20^{gr},5$ environ, puisque la cartouche la plus légère est actuellement la cartouche allemande qui pèse $27^{gr},3$.

Pour une même charge imposée à l'homme, nous disposerons donc d'un nombre de coups plus considérable, tout en conservant pour chaque coup une puissance supérieure.

Enfin, je m'empresse d'ajouter que la justesse du tir est encore légèrement supérieure à celle de toutes les autres armes et ce résultat est dû en partie au système de rayures.

Mais, ce qui importe peut-être davantage, c'est que notre nouvelle balle, par sa force, son poids et la nature du métal, sera, mieux que n'importe quelle autre, dans d'excellentes conditions pour vaincre la résistance de l'air et des milieux solides plus résistants. Cette balle, comme celles des armes étrangères les plus récentes, sera composée d'un noyau intérieur de plomb durci par l'antimoine et l'étain, revêtu d'une chemise en acier ou en maillechort, alliage très résistant et inoxydable de cuivre, de zinc et de nickel. Cette chemise est nécessaire pour éviter le plombage du canon de l'arme, pour assurer le mouvement de rotation qui se fait avec une vitesse énorme, enfin, pour empêcher les déformations du projectile, soit par le choc des gaz dans l'arme au moment du départ du coup, soit par la rencontre des corps résistants et pour obtenir ainsi une pénétration supérieure.

Ce que l'on appelle le coefficient balistique de la balle, c'est-à-dire le rapport entre son poids et le carré du calibre sera de 0,25. Il n'y a que les nouvelles balles japonaise et portugaise qui se trouvent dans d'aussi bonnes conditions balistiques : toutes les autres leur sont inférieures. Encore faut-il ajouter que la vitesse des balles japonaise et portugaise n'est que de 600 mètres environ, c'est-à-dire de plus de 100 mètres inférieure à la vitesse de la nôtre. En résumé, avec une arme et une cartouche moins lourdes, nous aurons, outre une puissance et une justesse plus grandes, une trajectoire plus tendue à toutes les distances et une pénétration supérieure. Tous ces avantages, on les devra en partie aux qualités de la balistite qui est la meilleure, à tous les points de vue, des poudres blanches connues jusqu'à ce jour. Nous n'en voulons qu'un exemple. Pour imprimer à la balle du fusil Lebel, qui pèse 15 grammes, la vitesse initiale de 620 mètres dont on a parlé, la poudre Vieille française, la P. N., dont on a tant prôné les qualités, s'emploie à la charge de 2^{gr},7. Pour atteindre le même résultat, il faudrait 5^{gr},4 de poudre noire et seulement 1^{gr},4 de balistite. De même, dans le canon de campagne français de 80 millimètres, il faut 720 grammes de la nouvelle poudre blanche Vieille pour produire la même vitesse qu'on obtenait avant avec 1,200 grammes de poudre noire, alors qu'avec la même densité de chargement 365 grammes de balistite environ pourraient suffire.

Donc la balistite, environ quatre fois plus puissante que la poudre noire, est encore près de deux fois plus puissante que la nouvelle poudre française.

J'ai dit plus haut que le défaut de stabilité est un grave défaut, commun à presque tous les explosifs connus. Mais, sous ce rapport aussi, nous devons avoir toute confiance dans la balistite.

Avant d'être adoptée, elle fut, en effet, soumise à de longues expériences et exposée, soit à de très hautes températures telles qu'on n'en rencontre même pas dans les régions les plus chaudes de l'Afrique, soit à des températures très basses.

Effectivement, suivant sa température, ses effets au départ du coup diffèrent sensiblement ; sa vitesse de combustion est plus rapide et elle est, par suite, quelque peu plus brisante si elle se trouve à une température élevée ; le contraire se produit si elle se trouve à une basse température.

Si j'ai bonne mémoire, dans notre fusil modèle 1870-1887, par exemple, la charge actuellement réglementaire produit 12 mètres d'augmentation de vitesse, si on la porte à 50 degrés centigrades, et 12 mètres environ de diminution de vitesse, si on la porte à —10° centigrades.

La poudre noire se comporte également ainsi, et il doit nécessairement en être de même de toutes les matières pyriques.

De toutes façons, et c'est l'essentiel, à égalité de densité de chargement et de travail dynamique produit, la balistite peut toujours donner dans l'âme des bouches à feu des tensions maxima plus faibles que celles qui sont produites par la poudre noire ; c'est là ce qui a été démontré de la façon la plus lumineuse par les récentes expériences de la maison Krupp (1) ; de plus, elle ne subit aucune altération sous l'influence des températures les plus élevées ou les plus basses des différents climats ; enfin, elle ne redoute nullement les effets de l'humidité.

Reste à vérifier l'action plus redoutable du temps sur sa stabilité ; mais on peut observer que depuis longtemps déjà on a mis en service, chez nous et en Autriche, la gélatine Nobel, qui n'est autre chose, en réalité, que la balistite actuelle, dans des conditions de conservation bien moins favorables cependant, puisque l'agent le plus altérable entre

---

(1) Jusqu'ici, la balistite, pas plus qu'aucun autre explosif, n'a été employée avec la densité 1 comme l'a été, ou peu s'en est fallu, la poudre noire dans les fusils. La comparaison ne peut être faite pour le moment que jusqu'à la densité d'environ 0,8. (Note de l'auteur.)

en plus grande abondance dans sa composition ; jamais encore on n'a eu à se plaindre de cet explosif, sous ce rapport.

On a dit que la balistite amène l'échauffement de l'arme beaucoup plus vite que la poudre ordinaire.

L'assertion est exacte, si l'on veut dire par là que la balistite, à égalité de poids, produit en brûlant une bien plus grande quantité de calories que la poudre ordinaire, et que, par suite, la chaleur communiquée par le gaz aux parois d'une arme à feu doit ainsi être beaucoup plus considérable. Bien plus, on peut ajouter que, non seulement à égalité de poids, mais même à égalité d'effet balistique, une charge de balistite doit, par absorption directe, échauffer l'arme plus que la charge équivalente de poudre noire, puisque la combustion de la première, en produisant une quantité plus faible de gaz, donnera à ces gaz une température beaucoup plus élevée que celle de la combustion de la poudre noire. Il est, par suite, naturel que l'absorption de calories, du fait de l'arme (absorption qui se produit en raison directe de la température des gaz qui sont en contact immédiat avec les parois internes), soit plus grande avec la balistite qu'avec la poudre.

Mais la quantité de calorique dérobée aux gaz par l'arme est toujours petite, non seulement par rapport à la température de ces gaz, mais aussi d'une façon absolue, parce que, dans le phénomène du départ du coup dans une arme à feu, le temps nécessaire à la transmission du calorique d'un corps à l'autre fait défaut.

Nous en avons une preuve directe dans ce fait que, immédiatement après le départ du coup, l'étui de la cartouche est presque froid, bien que ce soit dans l'intérieur de cet étui que se produisent les premiers gaz, que ces gaz y séjournent pendant tout le temps que dure la déflagration de la poudre, et en fassent ainsi, par l'absorption directe de la chaleur, la partie la plus échauffée du système entier. C'est pour cela que la balistite, étant d'une combustion plus lente, doit, pour cette dernière raison aussi et indépendamment de la production plus grande de chaleur, échauffer l'arme plus que la poudre ordinaire. Mais, de toutes façons, cet échauffement de l'arme par absorption directe de la chaleur des gaz devrait être toujours assez faible, puisque la durée de la déflagration de la poudre est toujours très petite, et qu'il en est par suite de même du temps pendant lequel s'effectue la transmission de la chaleur.

Dans la pratique, au contraire, et principalement dans un tir quelque peu prolongé, l'échauffement du canon est très considérable et peut même devenir assez intense pour empêcher le soldat de tenir l'arme dans ses mains ; c'est là ce qui a amené plusieurs armées étrangères à adopter des manchons qui entourent le canon de l'arme (1).

L'échauffement est donc dû essentiellement à d'autres causes qui peuvent considérablement modifier et même intervertir (et je crois, pour ma part, qu'elles l'intervertissent) le résultat final de la comparaison établie entre l'échauffement qui se produit dans une arme au départ du coup, soit avec la balistite ou tout autre explosif, soit avec la poudre.

Les résidus que la poudre, à l'encontre de la balistite et des autres explosifs, produit et laisse dans le canon, ont certainement une grande influence sur son échauffement. Pendant que, par suite de leur peu de conductibilité, ces résidus tendent à empêcher l'absorption directe de la chaleur des gaz par le canon, la chaleur latente de la partie des gaz et des composés fondus, qui, en se solidifiant, ont donné ces mêmes résidus, est nécessairement absorbée en entier ou à peu près par le canon, dont la basse tempéra-

---

(1) Manchon en tôle d'acier en Allemagne, manchon en bois en Suisse.

ture vient précisément de déterminer la solidification qui a été produite.

L'observation directe confirme cette hypothèse ; la plus grande partie des résidus produits au départ du coup avec la poudre noire, se trouve à 15 centimètres environ de la bouche dans les fusils et à environ 10 centimètres dans les mousquets ; or, ces points sont précisément, sur toute la longueur du canon, ceux dont l'échauffement est le plus grand, immédiatement après le départ du coup.

Mais, après un certain nombre de coups, les résidus de poudre noire, dont la couche atteint une certaine épaisseur, servent-ils réellement à empêcher que le canon ne continue à s'échauffer dans les coups suivants ?

Je ne le pense pas, car il me semble que le calorique des résidus d'un coup, par exemple, ne peut être absorbé par un corps autre que les résidus existants déjà, puisqu'ils sont en contact immédiat et que les gaz restés dans le canon et qui viennent les frapper sont à une température beaucoup plus élevée. Je pense donc que ces résidus servent seulement à retarder de quelques instants l'échauffement du canon plutôt qu'à le prévenir complètement.

Mais, d'autre part, les résidus augmentent considérablement quand on fait usage de la poudre, le frottement qui existe entre le projectile et les parois du canon et qui est évidemment une des causes principales de l'échauffement de l'arme.

On peut donc assurer que l'absence de résidus dans le tir avec la balistite constitue encore, de ce fait, une grande supériorité de cet explosif sur la poudre ordinaire.

Une autre cause principale de l'échauffement de l'arme, la plus grande même, sinon la seule, d'après le professeur Hebler de Zurich, consiste dans la combustion tardive des grains de poudre (ou débris quelconques d'explosif) qui ne sont pas chassés de l'arme, au départ du coup. La chaleur produite par la combustion de ces débris ne se trouve plus

en effet convertie en travail dynamique pouvant être trans-
mis au projectile désormais en dehors de son action, et se
trouve par suite complètement ou presque complètement
absorbée par l'arme ; la combustion de ces débris se produit
de plus sous la pression ordinaire ou sous une pression qui
en diffère peu ; sa durée, par suite, d'après la loi de Saint-
Robert, est relativement grande, fait très favorable à l'absorption du calorique par le canon.

On sait comment, lorsqu'on ne tire que quelques coups, à
faible intervalle, avec la poudre noire, le canon s'échauffe
davantage dans le tir à blanc que dans le tir à balle ; la
raison de ce fait résulte précisément de ce que dans le tir à
blanc, par suite du défaut d'une pression intérieure suffisante,
il existe une plus grande quantité de débris de poudre qui
brûlent tardivement au contact direct du canon. Mais on sait
aussi comment notre conclusion se trouve renversée lorsque
les coups tirés atteignent un certain nombre, vingt par exemple. Dans le tir à balle prolongé, le canon est beaucoup plus
chaud alors qu'il l'était moins dans les premiers coups,
parce que les résidus en augmentant, ont en même temps
beaucoup augmenté le frottement entre le projectile et le
canon, en rendant fort insuffisante la lubrification de
ce dernier (1).

---

(1) D'illustres physiciens, tels que le P. A. Secchi et, si je ne me
trompe, aussi le comte de Saint-Robert, ont tiré du fait que l'échauffement du canon est plus grand dans le tir à blanc que dans le tir à
balle, un de leurs principaux arguments pour démontrer la conversion
du calorique en travail dynamique. Qu'il me soit permis de faire observer, au sujet de ce phénomène, que dans les deux cas, c'est-à-dire avec
ou sans projectile, une partie du calorique produit par la combustion
de la poudre peut et même doit se convertir également en travail dynamique : dans le tir à balle, sur la balle et sur la colonne d'air qui
est devant elle dans le canon ; dans le tir à blanc, sur la colonne d'air
qui seule remplit le canon. Et il n'existe aucune raison, il me semble,
pour que les choses puissent se passer autrement. Cela veut dire simplement que, dans le tir à blanc, la colonne d'air sera projetée à
l'extérieur avec une vitesse supérieure à celle du projectile, c'est-à-

Pour ces raisons, je pense que pour un même travail dynamique et peut-être encore pour un travail dynamique sensiblement supérieur, la balistite, dans un tir un peu prolongé, échauffe le canon beaucoup moins que la poudre ordinaire ; et que si avec notre fusil actuel, nous voulions, par l'emploi de la poudre noire, obtenir la vitesse du projectile donnée par la cartouche modèle 1890, le canon de l'arme serait bien plus échauffé encore qu'il ne l'est avec cette cartouche (1).

Si on voulait réduire davantage l'échauffement produit par la balistite, il faudrait donc soit diminuer la charge jusqu'à ce qu'elle arrive à être brûlée tout entière, mais on diminuerait ainsi la puissance de l'arme ; soit encore diminuer la grosseur des grains de balistite, en réduisant aussi en même temps quelque peu la charge, mais on se heurte alors évidemment à la difficulté de la fabrication de la balistite en grains. Une longueur d'âme plus grande obvierait également à l'inconvénient, mais il convient pour le moment de conserver tel qu'il est le canon de l'arme modèle 1870.

Il peut se faire que dans le nouveau canon de l'arme de $0^m,0065$ la charge de balistite brûle en entier ; de la sorte, en même temps que nous possèderons un projectile doué de la vitesse initiale la plus grande, l'échauffement du canon, quoique encore bien considérable, sera au-dessous de ce qu'il est dans les armes étrangères correspondant à la nôtre.

---

dire en raison inverse de la racine carrée de sa masse et de la racine carrée de la masse formée dans l'autre cas par le projectile et la colonne d'air réunis. (Note de l'auteur.)

(1) Ces déductions purement théoriques sont aujourd'hui confirmées par les expériences comparatives faites en Danemarck avec le fusil de 8 millimètres et desquelles il résulte que, quoiqu'avec la poudre sans fumée on obtienne une vitesse de 600 mètres au lieu de celle de 480 que fournit la cartouche à poudre noire, le canon du fusil, après un tir rapide de 120 coups, se trouve porté à la température de 245 degrés (Celsio) avec la poudre sans fumée, et 267 degrés avec l'ancienne poudre. (Note de l'auteur.)

J'ai dit que la balistite brûle en entier, et absolument sans fumée ; en brûlant, elle produit en effet de l'oxyde de carbone, de l'acide carbonique, de la vapeur d'eau et de l'azote à l'état libre, et tous ces gaz sont parfaitement transparents. Le léger vernis qu'elle laisse dans le canon après le départ du coup provient de quelques cendres de coton qu'elle contient, et la petite auréole qui se forme au départ et qui se dissipe presque aussitôt, d'un mètre de diamètre environ pour les canons de campagne et d'un demi-mètre pour les fusils, est due uniquement à la vapeur d'eau. Au départ du coup cette vapeur d'eau, venant heurter violemment l'air extérieur dont la température est beaucoup moins élevée, se condense promptement et prend l'aspect d'un brouillard léger qui ne tarde pas à se dissiper.

Cette eau est formée par l'oxydation de la grande quantité d'hydrogène contenue dans chacun des deux éléments principaux qui constituent la balistite et dont le pouvoir calorique est assez grand, puisqu'il est dix fois supérieur à celui du charbon.

On sait que dans le but d'utiliser cette propriété, on fabriqua, il y a quelques années, en Allemagne, puis ensuite chez nous et ailleurs encore, des poudres dites brunes, à cause de leur couleur chocolat. Ces poudres ont une puissance supérieure à celle des poudres noires précisément par ce fait que, étant obtenues avec du charbon roux, résultat du traitement du charbon noir par la vapeur surchauffée, elles renferment une plus grande quantité d'hydrogène que la poudre noire ; quoique dans la combustion la quantité totale des gaz soit identique, ces gaz renferment environ trois fois plus de vapeur d'eau, et la chaleur donnée par la combustion de l'hydrogène qui l'a produite est aussi sensiblement plus grande.

L'intensité du léger nuage de vapeur produit par la balistite varie donc avec les conditions de l'atmosphère, ainsi que cela se produit d'ailleurs pour la fumée de la poudre

noire ou bien encore pour la vapeur que laisse échapper la
cheminée de la locomotive ; quand l'air est froid et humide,
la fumée produite est plus dense et plus persistante que lorsque l'air est sec et chaud. Mais dans les conditions les plus
défavorables de l'air extérieur, la fumée, ou pour mieux
dire, la vapeur de la balistite, n'est jamais qu'un voile assez
ténu pour ne pas gêner le tir, même dans les feux de salve
les plus rapides, soit avec les fusils, soit avec les pièces de
campagne, et qui ne saurait être aperçu à 200 mètres de
distance.

Beaucoup de journaux français, quelques journaux allemands et parmi eux des revues techniques même d'un certain renom, ont annoncé aux quatre vents que les nouvelles
poudres française et allemande ne produisent aucun bruit
au départ du coup.

Cette assertion a été ensuite atténuée et on a dit que le
bruit de la détonation de ces poudres blanches est très faible
et n'est nullement perceptible à quelques centaines de mètres
de distance.

C'est là une fable, une légende venue peut-être de ce fait
que dans les premières cartouches à blanc françaises et allemandes, il arriva réellement que la détonation n'était pas
appréciable à distance. Mais cette détonation ne se produisait pas, parce que, en l'absence de la balle la résistance et
par suite une pression suffisante des gaz faisant défaut, l'explosif brûlait dans le canon comme s'il s'était trouvé à l'air
libre, c'est-à-dire lentement. Or on a vu que c'était précisément là une propriété des composés du cellulose nitraté
absorbé par la nitro-glycérine ou autres substances ana-
logues.

Et, en effet, pour avoir une détonation, on a dû munir les
cartouches à blanc d'une fausse balle, ayant une certaine
résistance. Le même fait se produit aussi avec la poudre
ordinaire, quoique dans des proportions plus faibles. Nous
avons dû étrangler l'ouverture de l'étui de la cartouche à

blanc, pour produire une certaine résistance et par suite la détonation.

Mais toutes les fois qu'un travail dynamique est produit par une masse de gaz qui poussent un projectile dans l'âme d'une arme à feu, au moment où cette masse de gaz vient choquer l'air extérieur, quelle que soit la nature du corps dont la combustion a donné naissance à ces gaz et quelle que soit aussi la nature de ces derniers, un son doit nécessairement se produire par suite des vibrations que donnera l'ébranlement de l'air (1).

Pas plus qu'aucun autre explosif, notre balistite n'échappe à cette loi. Il est bien vrai d'ailleurs que le son produit par la détonation de tous les explosifs dans un fusil ou dans une bouche à feu est plus sec, plus vibrant et moins long que celui que donne la poudre noire.

Le bruit de la détonation s'entend peut-être un peu moins aussi par cette raison toute physiologique que l'oreille humaine a besoin d'un certain temps pour percevoir les sons ; or, la durée de la détonation des explosifs est moindre que celle de la poudre noire, parce que leur combustion est plus complète.

Certains écrivains ont aussi émis une théorie qui ne paraît

---

(1) Cette conclusion a été complètement justifiée en France et a reçu même des expériences faites une force et une valeur toutes nouvelles. Les expériences de l'artillerie de marine en 1886, celles plus récentes du capitaine Journée à l'école normale de tir en 1887 prouvent qu'en traversant les couches d'air, les projectiles animés d'une grande vitesse initiale (fusils 1874 et 1886), produisent au passage, outre le sifflement que tout le monde connaît, une détonation comparable à celle que détermine l'explosion de la poudre. Les deux détonations ne s'entendent pas au même instant. Celle qui résulte du choc de la balle contre l'air ambiant accompagne le projectile ; cette détonation est perçue par conséquent par l'observateur, placé sur le flanc de la ligne de tir, à très peu de chose près, au moment même du passage du projectile. L'existence de cette double détonation est bien établie et peut être même une cause d'erreur dans l'appréciation des distances au son ; la détonation que produit la poudre parcourant 333 mètres à la seconde, la première détonation devance la seconde si la vitesse initiale est supérieure à 333 mètres et si l'observateur n'est pas trop éloigné du tireur.

pas inadmissible et d'après laquelle les gaz produits par les explosifs donneraient un choc plus instantané contre l'air ; les mouvements moléculaires de l'air, qui se traduisent par un travail dynamique, seraient ainsi plus considérables pendant que l'on aurait un affaiblissement des vibrations et des ondulations qui produisent le son.

La flamme produite au départ du coup par tous les explosifs connus, et par suite aussi par la balistite, est plus vive et plus intense que celle que donne la poudre noire ; chose fort naturelle, puisque la combustion des explosifs est plus complète que celle de la poudre et que, au départ du coup, la flamme ne s'y trouve nullement voilée par la fumée. A plusieurs kilomètres de distance, j'ai pu, personnellement, apercevoir distinctement, et sous l'action d'un soleil assez vif, la flamme produite par la charge de 340 grammes de balistite qu'emploie le canon de 7 de campagne.

Et maintenant que l'on me permette une digression.

Presque tous les explosifs connus jusqu'à ce jour et principalement tous ceux qu'on a essayé d'adapter aux besoins de la guerre, ont pour base l'acide nitrique qui est composé des deux éléments principaux de l'atmosphère ; l'azote et l'oxygène. Or, quels que soient les progrès réalisés par la chimie, on n'est pas encore arrivé à fixer en aucune façon, même pas dans les expériences de laboratoire, l'azote atmosphérique, ce gaz dans lequel nous sommes constamment plongés, que nous respirons et qui est l'un des corps les plus abondants de la nature. On n'est pas davantage parvenu à transformer en acide nitrique l'azote qu'un ferment spécial, nageant dans les parties basses de l'atmosphère, tire des substances organiques ammoniacales.

L'acide nitrique est exclusivement produit par un autre ferment spécial, qui vit dans la première couche du sol, qui permet à la végétation de pousser, et qu'ont découvert par induction, il y a vingt ans, les deux célèbres chimistes et physiologues Schlössing et Müntz.

On peut dire que la véritable base des explosifs modernes est ce corpuscule organique que les savants même, auxquels est due sa découverte, n'avaient pu déterminer d'une façon précise ; ce corps qui n'était pour eux que l'agent de la transformation de l'azote ammoniacal en acide nitrique, a pu être extrait et cultivé artificiellement, il y a quelques semaines à peine, par le professeur Vinogradtsky, de l'institut polytechnique de Zurich, non dans des liquides fortement azotés comme le bouillon, mais seulement dans des solutions métalliques privées d'azote. Il a été ainsi démontré que l'affirmation de Schlössing et Müntz, sur la physiologie de leur ferment, était erronée, et on a acquis la certitude que ce ferment absorbe directement l'azote de l'air et le transforme en acide azotique.

On peut ajouter que tous les êtres du règne animal, qui vivent à la surface de la terre ou au sein des eaux, doivent leur propre existence à ce corpuscule, ferment du nitre, dont l'absence sur un point donné se traduit par la disparition totale ou partielle de la végétation qui est la base de la nourriture des animaux.

C'est ainsi qu'aujourd'hui l'intelligence de l'homme a tiré les plus puissants moyens de destruction qui aient jamais existé du produit qui (d'une façon directe ou par suite de transformation) pourvoit le plus efficacement à son existence comme à celle de tous les autres êtres organisés.

Mais, quelle que soit la forme qu'il revête, l'azote coûte aujourd'hui, dans le commerce, environ 2 francs le kilogramme. La balistite, qui est essentiellement une transformation de l'acide azotique par de longues et périlleuses préparations, est d'un prix bien plus élevé encore, puisqu'elle coûte 8 fr. 20 le kilogramme.

En moyenne, on peut dire que la poudre noire coûte 1 franc le kilogramme. La balistite étant quatre fois plus puissante et pouvant par suite être employée dans la proportion du 1/4 pour produire les mêmes effets que la poudre, il s'ensuit aussi que les prix de ces deux agents restent, par rapport l'un à l'autre, dans la proportion de 1 à 2.

Au début de cette étude technique sur les armes portatives, j'ai affirmé que leurs effets étaient ou tendaient à devenir équivalents dans toutes les armées européennes. J'ai ajouté qu'avec l'adoption de la cartouche à balistite modèle 1890, qui mieux que l'ancienne cartouche utilise le calibre réduit de notre arme de guerre, nous étions dans d'excellentes conditions vis-à-vis des armées étrangères, et que le nouveau fusil placerait notre armement au premier rang entre tous. Si nous prenons comme termes de comparaison les nouveaux fusils français et allemand, quelques chiffres seulement suffiront à démontrer la justesse de mon assertion.

Mesurons, par exemple, la rasance du tir (tension de la trajectoire), principale qualité d'une arme de guerre, surtout aux petites distances, par l'ordonnée maxima du tir à chaque distance.

Plus cette ordonnée est petite, plus le tir est rasant et meilleure est l'arme.

Cette ordonnée mesure à 400 mètres : dans le fusil Lebel, 0^m,80, le fusil allemand 0^m,90, notre fusil actuel 1^m,17 et celui que nous aurons bientôt 0^m,70.

A 600 mètres dans le fusil Lebel elle a 2^m,39, dans le Mauser (1) 2^m,50, dans notre fusil actuel environ 4 mètres et dans le nouveau 2^m,17 seulement.

A 800 mètres le fusil français donne 5^m,20, le fusil allemand 5^m,40; notre fusil actuel 7^m,50 environ et le nouveau 5^m,08.

D'après ce qui précède, on voit que l'avantage reste à toutes les distances à notre arme nouvelle, et que la cour-

---

(1) Plusieurs fois, au cours de cette étude, l'auteur désigne le fusil allemand modèle 1888 sous le nom de fusil Mauser, ce qui peut donner lieu à une confusion. Dans le cas actuel, c'est du nouveau fusil allemand, bien entendu, qu'il veut parler.

bure de la trajectoire de la nouvelle balle modèle 1890 va en augmentant avec la distance, chose fort naturelle d'ailleurs puisqu'elle ne pèse que 16 grammes. On a donc pour son coefficient balistique $0^m,187$ alors que celui des balles française et allemande est au contraire de $0^m,240$ environ.

Mais on sait qu'au delà de 600 à 700 mètres, l'intérêt qui s'attache à la tension de la trajectoire n'a plus à la guerre qu'une importance fort relative pour les armes portatives, et qu'il peut même être avantageux, dans certains cas, par exemple dans le tir contre des troupes disposées sur un terrain accidenté ou ondulé, d'avoir une tension plus faible. L'essentiel est d'avoir une tension de trajectoire suffisante aux petites distances ; c'est aux petites distances, en effet, que l'intensité du feu est la plus grande : son réglage par des salves d'essai devient pour ainsi dire impossible, et c'est à peine si on peut alors exiger du soldat autre chose que de bien viser le but à atteindre.

Jusqu'à 600 mètres, l'erreur de distance, ou, si l'on veut, l'erreur de hausse que l'on peut commettre impunément, tout en atteignant toujours l'ennemi, est sensiblement la même pour notre fusil tirant la cartouche modèle 1890 et pour les fusils français et allemand ; cette erreur reste au contraire supérieure, et à toutes les distances, pour l'arme que nous avons à l'étude (1).

Une autre donnée importante, principalement aux distances du tir individuel, est la justesse du tir. Mais les données sur la justesse du tir du fusil Lebel nous font défaut, les Français n'ayant pas cru devoir les livrer à la publicité, peut-être bien parce que cette justesse est inférieure à celle

---

(1) L'auteur va un peu loin dans ses conclusions optimistes ; il semble résulter en effet de la comparaison des ordonnées dont il a donné les dimensions, que la différence entre le fusil italien et les nouveaux fusils allemand et français est très considérable, alors que celle qui existe réellement entre ces derniers et la nouvelle arme en étude n'est pas de grande importance.

des nouvelles armes en service dans les nations étrangères (1).

Ceci n'est pas une supposition gratuite. On peut voir, en
effet, d'après les tables de tir des canons de campagne français, que la justesse de leur tir avec la poudre P. N. est à
peu près la même que celle de nos canons de campagne
avec la poudre noire, et plutôt même moins grande, bien
que les vitesses soient sensiblement supérieures. Or, notre
balistite, ainsi que je l'ai déjà montré, donne une justesse
de tir supérieure à celle que fournit la poudre noire, d'où il
résulte que la P. N. française est de beaucoup inférieure
certainement à la balistite dans les canons, et à plus forte
raison encore dans les fusils.

Laissons donc le fusil français et prenons pour le comparer aux nôtres, en même temps que le fusil allemand, le
nouveau fusil autrichien avec la poudre récemment adoptée,
c'est-à-dire la Schwab. Comme mesure de la justesse du tir,

---

(1) La justesse du tir, dont il est ici question, a pour facteur la précision et le réglage de l'arme. De ces deux facteurs, le plus important
et en même temps le plus difficile à réaliser est naturellement la précision. Or, la précision d'une arme dépend essentiellement de sa sensibilité aux variations de vitesse et de pression, par conséquent de la
qualité de ses munitions ; et l'on sait quel soin minutieux on apporte en
France à la confection des cartouches ; dans aucune autre puissance,
les conditions d'acceptation et les épreuves obligatoires ne sont aussi
rigoureuses, et on peut dire, avec raison, que la cartouche 1886 a une
précision propre qui n'a pas encore été dépassée.

La simple comparaison des écarts probables du fusil 1886 et des
meilleures armes actuellement en service dans les puissances européennes suffirait à prouver combien le jugement porté ci-dessus est
aventuré, et, ce ne serait pas trop s'avancer que d'affirmer que le
fusil français modèle 1886, au point de vue spécial de la justesse comme
à bien d'autres, n'a rien à envier à la meilleure des armes de guerre actuellement en service, qu'il est légèrement supérieur aux petites distances, c'est-à-dire jusqu'à 800 mètres, au fusil allemand modèle 1888 ;
d'autre part, que le fusil 1886 est franchement supérieur aux fusils
suisse modèle 1889 et Mannlicher modèle 1888, dès la distance de 200
mètres ; cette supériorité de la précision s'affirme principalement dans
le sens de la largeur sur le fusil suisse et dans le sens de la hauteur
sur le fusil autrichien.

prenons les dimensions des rectangles qui contiennent tous les points d'impact, par série de 20 coups consécutifs.

De la largeur de ces rectangles nous pourrons dégager un criterium de la bonté de l'arme, surtout en ce qui concerne les rayures, et de la bonne stabilité du projectile dans l'air ; de leur hauteur plus spécialement nous pourrons tirer des conclusions sur la bonté et la régularité de l'élément explosif : la poudre.

A des dimensions plus petites correspond une justesse plus grande :

A 200 mètres.

Largeur :
$\left\{\begin{array}{l} \text{Fusil allemand} \quad 0,20. \\ \text{—} \quad \text{autrichien} \quad 0,30. \\ \text{—} \quad \text{italien actuel } 0,60. \\ \text{—} \quad \text{italien à l'étude } 0,22. \end{array}\right.$

A 300 mètres.

Largeur :
$\left\{\begin{array}{l} \text{Fusil allemand } 0,30. \\ \text{—} \quad \text{autrichien } 0,48. \\ \text{—} \quad \text{italien actuel } 0,96. \\ \text{—} \quad \text{italien à l'étude, } 0,45. \end{array}\right.$

A 600 mètres.

Largeur :
$\left\{\begin{array}{l} \text{Fusil allemand } 0,64. \\ \text{—} \quad \text{autrichien } 1,50. \\ \text{Notre fusil actuel } 2,08. \\ \text{Nouveau fusil } 0,73. \end{array}\right.$

Hauteur :
$\left\{\begin{array}{l} \text{Fusil allemand } 1,40. \\ \text{—} \quad \text{autrichien } 2,42. \\ \text{—} \quad \text{italien actuel } 2,10. \\ \text{—} \quad \text{italien à l'étude, } 0,82. \end{array}\right.$

A 1.000 mètres.

Largeur :
$\left\{\begin{array}{l} \text{Fusil allemand } 1,60. \\ \text{Notre fusil actuel } 3,79. \\ \text{Nouveau fusil } 1,50. \end{array}\right.$

Hauteur :
$\left\{\begin{array}{l} \text{Fusil allemand } 3,01. \\ \text{—} \quad \text{italien actuel } 4,08. \\ \text{—} \quad \text{italien à l'étude } 1,96. \end{array}\right.$

A 1.200 mètres.

Largeur :
- Fusil autrichien 5,60.
- — italien actuel 4,68.
- — italien à l'étude 1,95.

Hauteur :
- Fusil autrichien 8,00.
- — italien actuel 7,54.
- — italien à l'étude, 2,90.

Il résulte de ces chiffres que : pour la justesse, notre nouveau fusil l'emportera sur tous les autres et de beaucoup, principalement dans le sens de la hauteur du tir, qui est le plus important des deux ; ce résultat est dû essentiellement aux qualités de la balistite : que, d'autre part, notre fusil modèle 70-87 avec la cartouche modèle 1890 est quelque peu inférieur, pour la justesse, au fusil allemand, mais supérieur en général au fusil autrichien sur lequel il l'emporte, spécialement dans le sens de la hauteur, tel que nous l'avons envisagé.

On sait que la pénétration de notre balle modèle 1890, dans les milieux résistants, est de beaucoup supérieure à celle de la balle modèle 1870 qui avait été jusqu'ici en usage chez nous ; elle est inférieure à celle des armes les plus récentes, mais, à ce point de vue, et aux distances les plus grandes, elle répond largement au but du tir d'infanterie qui est de mettre hors de combat hommes et chevaux.

La pénétration de notre nouvelle balle est, au contraire, très grande et plus grande que celle de tous les fusils étrangers connus jusqu'à ce jour. Comparons-la, par exemple, à celle de la balle Lebel pour la distance de 200 mètres : dans les terres rassises, la balle Lebel pénètre à $0^m,45$, la nôtre à une profondeur de $0^m,54$ à $0^m,67$; dans le sapin, la pénétration de la balle Lebel est de $0^m,60$ et celle de la nôtre de $0^m,90$ à $0^m,95$; dans le chêne, la balle française pénètre à $0^m,18$ et la nôtre jusqu'à $0^m,29$. Pour les deux balles, la pénétration est de $0^m,006$ dans les cuirasses en fer et de $0^m,004$ dans les cuirasses en acier.

Mais, d'une façon générale, on peut dire que la pénétration de notre nouvelle balle est, à 300 mètres de distance, un peu supérieure à celle de la balle française tirée à la distance de 200 mètres seulement. Et ce n'est pas là un mince avantage !

En guise de conclusion, nous pouvons dire que, si l'arme nouvelle donnera à notre armement une supériorité marquée sur tous les autres, notre fusil actuel ne nous place pas, surtout aux petites distances, dans des conditions bien inférieures vis-à-vis des puissances étrangères. Enfin, nous croyons pouvoir affirmer que les différentes armées européennes se trouvent, pour le moment, ou ne tarderont pas à se trouver dans des conditions semblables au point de vue de la valeur de leur armement.

C'est à dessein que j'ai ajouté : « pour le moment ». Les progrès de l'activité et de l'esprit de l'homme dans toutes les branches des diverses connaissances, excepté peut-être dans la littérature, sont, à notre époque, tellement rapides qu'on peut les dire prodigieux. Il ne faudrait donc pas s'étonner si quelque autre invention, basée sur des principes nouveaux, venait subitement jeter le trouble dans l'équilibre qui s'établit actuellement pour l'armement entre les différentes nations. Nous voyons, en effet, à l'étude, des fusils à air comprimé ou à acide carbonique, dont les essais ont déjà donné des résultats satisfaisants, quoique l'on n'en soit encore qu'aux premières tentatives (1). De ce nombre est le fusil Giffard, qui a été dernièrement proposé en France et soumis à l'examen de la commission technique de l'armement. .

Pour le moment, du moins, ces nouveaux fusils ne sont encore que des hochets d'enfants, bons tout au plus pour l'usage de la chasse.

Mais souvenons-nous que, jusqu'à la campagne de 1866, on considérait généralement, et l'on enseignait même dans

---

(1) En Amérique et en Angleterre, on a adopté déjà des canons à air comprimé, type Zalinski, pour la défense des côtes.

les écoles militaires, partout, excepté en Prusse, que le fusil Dreyse, cause effective cependant des victoires des Prussiens dans cette guerre, était un jouet d'enfant plutôt qu'une arme de guerre.

Aussi, peut-on dire aujourd'hui que l'on doit hésiter à traiter de pure fantaisie, d'une traduction impossible dans la pratique, cette arme terrible que lord Bulwer, le précurseur de Jules Verne, place dans les mains de l'imberbe race humaine de l'avenir, cette arme qui consiste en une simple et mince baguette, emmagasinant une énorme quantité d'énergie électrique, presque inépuisable, et capable de foudroyer instantanément l'homme à n'importe quelle distance.

III

Etude technique sur les transformations de l'artillerie de campagne.

Je me suis peut-être un peu trop appesanti sur l'étude technique des armes portatives. Je serai beaucoup plus bref pour celle de l'artillerie de campagne et je me bornerai à signaler simplement les choses les plus importantes déjà connues de tous.

On a dit que si la guerre de 1866 avait été gagnée par le fusil Dreyse, c'est au canon prussien que sont dues essentiellement les victoires de 1870.

On sait que l'avantage principal de l'artillerie prussienne sur l'artillerie française dans la campagne de 1870 est dû, non pas tant à une puissance supérieure, qui permettait le tir à des distances plus grandes, qu'à une plus grande précision dans le tir, qui permit à la première d'établir et de suivre constamment des règles simples et pratiques pour arriver promptement et dans tous les cas au réglage du tir en se basant sur l'observation des résultats mêmes de ce tir. Cet avantage est dû aussi, disons-le, à la

rapidité plus grande du tir, résultant du chargement par la
culasse. On sait aussi que les Français, en 1870, tiraient encore, comme au temps de Gribeauval, presque au hasard,
sans se soucier de la bonne détermination de la hausse, et
sans procéder à la correction rationnelle du tir. Le chargement par la culasse et les règles pour le réglage du tir sont
aujourd'hui employées depuis longtemps déjà par toutes les
artilleries ; le tir est aussi partout supérieur à celui des canons prussiens de cette époque.

Depuis 1870, bien des perfectionnements ont été apportés
non pas tant au matériel qu'aux munitions, dans le but
d'augmenter la justesse et l'efficacité du tir. En 1870, les
Prussiens avaient des projectiles munis, pour le forcement,
d'une chemise en plomb ; ils ne firent qu'un usage restreint
du Schrapnell qui, dans le tir contre les troupes, présente
de si grands avantages sur l'obus ; le Schrapnell, en éclatant, produit, en effet, un nombre bien plus considérable de
fragments d'une régularité plus grande, et son explosion en
l'air rend son efficacité presque indépendante de la nature du
terrain occupé par le but. Or, de nos jours, les projectiles sont
munis de couronnes de forcement en cuivre qui permettent
d'obtenir une justesse bien plus grande qu'avec les chemises
de plomb, et, d'autre part, le tir au Schrapnell occupe la
première place dans l'artillerie des différentes armées.

De plus, ce projectile est presque partout formé par une
enveloppe en acier qui, tout en présentant une force de résistance suffisante pour prévenir les ruptures fortuites dans
l'intérieur du canon, donne une capacité plus grande à la
chambre à poudre du projectile et permet, par suite, le pla-
cement d'un nombre de balles bien supérieur à celui que
contenait l'ancien Schrapnell en fonte.

Aux défectueuses fusées à temps, usitées en 1870, on a
substitué partout aujourd'hui de nouvelles fusées à double
effet, c'est-à-dire à temps et à percussion, d'une action
beaucoup plus sûre et plus précises que les premières.

On peut dire que le tir des Schrapnells actuels est, à égalité de calibre, d'un effet quatre fois plus grand que celui des Schrapnells prussiens de 1870.

Les anciens obus à paroi simple, qui produisaient, en faisant explosion, un petit nombre de gros éclats, ont été remplacés par des obus à double paroi ; la paroi extérieure est tout unie et d'une épaisseur juste suffisante pour assurer la résistance du projectile à l'intérieur du canon pendant le départ du coup ; la paroi intérieure, au contraire, est formée par des anneaux en forme de segments, tracés et disposés pour une rupture régulière. On obtient ainsi une augmentation du nombre des éclats et une plus grande efficacité du tir contre les troupes, efficacité que l'on peut dire plus que double de celle des obus prussiens de 1870.

Sans parler des avantages de la suppression de la fumée, l'adoption générale des nouveaux explosifs, en remplacement de la traditionnelle poudre noire, donne à l'artillerie de campagne une augmentation nouvelle de la puissance de son tir. Ainsi que l'ont démontré, en effet, de longues expériences faites dernièrement à Meppen par Krupp, les nouveaux explosifs, et plus particulièrement notre balistite, sont capables d'imprimer aux projectiles des vitesses bien supérieures à celles que donne la poudre noire, sans dépasser cependant, pour les pressions supportées par l'arme, c'est-à-dire pour la fatigue imposée au matériel, les limites de résistance qu'on a voulu lui donner dans la fabrication.

C'est ainsi que Krupp, par une sage détermination de la grosseur des grains de balistite et en composant les charges avec des grains de dimensions diverses, a réussi à porter la vitesse initiale des canons de campagne jusqu'à 590 mètres, tout en conservant les mêmes pressions maxima de 2.200 atmosphères et avec un recul plus faible et une moindre fatigue des affûts.

Il paraîtrait qu'en France la poudre Vieille se prête moins bien que les autres explosifs à une semblable augmentation

de vitesse, puisque les nouvelles charges adoptées sont équivalentes aux anciennes.

Chez nous aussi, on semble vouloir adopter pour nos canons actuels de campagne des charges équivalentes aux
anciennes, formées de fils aussi longs que les cartouches
actuelles mais de grosseurs différentes pour les canons de
campagne et de montagne, et disposées contre les parois de
la cartouche, de façon à ménager un espace vide à l'intérieur. Cette disposition est rendue nécessaire par la longueur
de la chambre des canons, qui exige que les nouvelles cartouches soient aussi longues que les anciennes, quoiqu'elles
ne renferment plus que le tiers des matières pyriques conte-
nues dans celles-là.

Avec des vitesses égales aux anciennes vitesses et des
pressions internes maxima plus faibles, on sera sûrement,
mieux encore que par le passé, à l'abri des ruptures fortuites des projectiles au départ, et des détériorations des canons
et des affûts.

Le feu de l'artillerie de 1870 était à peu près impuissant
contre des troupes postées derrière des obstacles très résistants. Cette impuissance s'accrut encore notablement avec
l'adoption des Schrapnells à chambre postérieure, par suite
de l'augmentation nouvelle de la rasance du cône de disper-
sion des balles et des éclats. Pour obvier à cet inconvénient,
l'artillerie allemande a adopté un nouveau type d'obus à enveloppe d'acier, muni d'une fusée à double effet et chargé
avec un puissant explosif, capable d'imprimer aux éclats
une vitesse assez grande, dit-on, pour obtenir une projec-
tion rétrograde et pour atteindre ainsi, par derrière, les
troupes placées à couvert. Tout récemment, en France, et
sur l'exemple de l'Allemagne, on vient d'adopter des obus-
fougasses (1) de campagne, d'une longueur de 4 calibres,

---

(1) L'obus-torpille, qu'on le considère fusant ou percutant, a, sur un
rayon d'une quinzaine de mètres, une action extrêmement énergique

en acier, chargés avec de la mélinite, et destinés également
à atteindre les troupes à couvert ainsi qu'à incendier des
édifices présentant encore une certaine résistance (1).

Pour le tir de campagne contre les troupes abritées, quelques armées ont adopté des mortiers de campagne. En
Russie, on le sait, deux régiments d'artillerie armés de mortiers existent déjà depuis quelque temps, et, dans ces derniers jours, le bruit s'est répandu de la formation d'un troisième régiment de ce genre dans l'armée russe. Nous aussi,
nous avons adopté, il y a quelques années, le mortier de
bronze de 9, qui lance les mêmes projectiles que le canon de
campagne de même calibre et, plus récemment, l'obus explosif en acier également du même calibre.

Je ne pense pas que l'on veuille, comme les Russes, employer le mortier avec les troupes mobiles, mais seulement
sur des positions déterminées, dans des forts ou pour la défense des défilés. Pour le tir de campagne sur des troupes
abritées, nous avons expérimenté, principalement avec le
Schrapnell, il y a environ deux ans, les charges réduites
déjà employées dans les armées étrangères; les résultats
n'ont pas été satisfaisants, par suite de la difficulté d'obtenir
une justesse de tir suffisante.

Presque dans toutes les armées, les canons de campagne
à tir rapide et de petit calibre ont remplacé, pour les troupes mobiles, les mitrailleuses, qui n'avaient pas fait mer-

---

en raison du nombre considérable de petits éclats qui se précipitent
dans cette zone avec une vitesse suffisante pour les rendre meurtriers.
Outre son emploi contre les troupes abritées par des couverts, cette
qualité rend ce projectile éminemment propre au tir contre les lieux
habités.

(1) En Autriche et dans d'autres pays, on expérimente en ce moment
de nouveaux Schrapnells en acier, à chambre postérieure, chargés
avec de puissants explosifs capables d'imprimer aux balles du projectile une vitesse de plus de 800 mètres. On assure que, pour un même
calibre, les nouveaux Schrapnells autrichiens ont une puissance plus
que deux fois supérieure à celle de n'importe quel Schrapnell actuel.
(Note de l'auteur.)

veille en 1870 entre les mains des Français, et qui, depuis, et sous différentes formes, furent partout adoptées presque exclusivement pour la défense rapprochée de points fortifiés ou de défilés, principalement dans les Alpes.

On avait dit d'abord que des canons à tir rapide, dont le calibre varie généralement entre 4 et 6 centimètres, avaient été donnés directement, en Allemagne, à l'infanterie. Des nouvelles, de source plus sûre et plus récentes, tendraient à faire croire, au contraire, que là-bas, comme en France, dit-on, de nombreuses batteries spéciales avaient été constituées.

En Autriche et, paraît-il, même en France et en Allemagne, on a l'intention de remplacer, dans les batteries à cheval, les canons ordinaires par des canons à tir rapide (1), et, quant à nous, si nous avons récemment adopté les canons Nordenfeldt à tir rapide, au calibre de 42 et de 57 millimètres, nous ne possédons encore aucun donnée officielle sur l'usage auquel on les réserve.

La rapidité du tir, qui varie de 15 à 20 coups par minute, la légèreté et les facilités de manœuvre que présentent ces nouveaux engins de guerre, par suite de la réduction du calibre, la mobilité qui en résulte, les rendent principalement aptes à l'action avec la cavalerie, à accompagner l'infanterie marchant à l'attaque, ainsi qu'à la plus vigoureuse défense des points d'attaque, lorsque l'ennemi est parvenu à petite distance.

Naturellement, leur petit calibre les place, pour les grandes distances, dans un état d'infériorité marqué vis-à-vis des canons ordinaires de campagne, qu'ils ne peuvent, par

---

(1) Pour ce qui concerne l'Allemagne et l'Autriche, ces nouvelles ne sont pas confirmées. Il paraîtrait, au contraire, qu'en Allemagne, les batteries à cheval auraient été dotées du même matériel que les batteries montées, avec quelques modifications seulement.

De même, en Autriche, les études se continuent sur un canon léger de 8mm,7, ne rentrant pas dans la catégorie des pièces à tir rapide. (Note de l'auteur.)

suite, remplacer que dans les cas spéciaux dont je viens de parler.

Les types de canons à tir rapide adoptés jusqu'à ce jour sont, d'une façon générale : le canon Hotchkiss ou canon-revolver, le premier de ce genre qui fit son apparition il y a plus de douze ans ; le Nordenfeld, adopté chez nous et en Angleterre ; le Grüson, du premier modèle, qui paraît être celui qui a été préféré en Allemagne ; enfin, le type Maxim, en Autriche.

D'autres types, que l'on dit réaliser sur les premiers une sensible augmentation de puissance, sont expérimentés, en ce moment, avec beaucoup de succès. Ce sont : en Allemagne, le nouveau Grüson ou, pour mieux dire, les nouveaux Grüson, atteignant une vitesse de tir de 40 coups à la minute, et ceux qui ont été construits à Essen par Krupp ; en France, les modèles Canet dont le calibre, pour quelques-uns, a été porté jusqu'à 12 centimètres et qui sont, par suite, destinés à l'armement des places fortes, aux parcs de siège et aux navires de guerre ; Thronsen, en Suisse ; Armstrong et plusieurs autres, en Angleterre.

Les perfectionnements que j'ai rappelés et l'adoption des canons à tir rapide, quelle que soit leur importance, ne sont certainement pas des faits de nature à amener une transformation radicale de l'artillerie de campagne ; celle-ci possède aujourd'hui ou est en train d'acquérir une puissance à peu près égale dans toutes les armées.

D'autres innovations sont maintenant à l'étude, qui amèneront peut-être une radicale transformation de l'artillerie de campagne des diverses armées dans un avenir peu éloigné. Je veux parler de la mise en service des affûts blindés, des affûts à recul supprimé et, par dessus tout, du matériel à la Stanhope.

Toutes ces tranformations, et principalement la plus importante, la dernière, ne constituent pas, à proprement parler, des innovations.

Le premier, peut-être, de tous les essais d'affûts de campagne blindés à l'épreuve du tir de la mousqueterie et du tir à Schrapnells, à recul sinon supprimé complètement, du moins fort atténué, fut fait chez nous vers 1880, sur la proposition du capitaine Biancardi, aujourd'hui colonel d'artillerie.

Ce matériel ne fut pas jugé satisfaisant alors ; le blindage parut superflu et on pensa que l'action d'un soc à modérer le recul, semblable à celui qui était alors à l'essai en Russie avec le matériel Engelhardt, à flèche glissante et à coussinets élastiques, compromettait trop la résistance et la conservation du matériel.

Mais l'étude du problème a été reprise par la maison Grüson, en Allemagne, qui, dans ces derniers temps, a expérimenté, devant des délégués de toutes les armées européennes, du matériel construit sur les deux principes dont on vient de parler. Si l'on en croit les relations publiées, ce matériel aurait donné des résultats très satisfaisants.

En effet, le besoin de protéger les servants des pièces de campagne contre le tir de la mousqueterie et le tir à Schrapnells est devenu pressant, par suite de l'accroissement considérable de l'efficacité de ces tirs. D'autre part, la suppression partielle ou totale du recul de la pièce entraîne avec elle un allègement considérable pour les forces des artilleurs et la possibilité d'augmenter fortement la vitesse du tir que n'entrave plus aujourd'hui, comme par le passé, la fumée produite au départ du coup.

Mais l'innovation la plus radicale, comme je l'ai dit, est celle du matériel Stanhope que notre illustre général Cavalli préconisait depuis plusieurs années comme devant être adopté par toutes les armées dans un avenir prochain, innovation au triomphe de laquelle il a tant travaillé et à laquelle il a consacré, dans la suite, le dernier de ses ouvrages.

On sait que le matériel de Stanhope est constitué de façon à permettre d'ouvrir le feu sans séparer les deux trains de la pièce et sans dételer les chevaux. Depuis plusisurs années déjà les Anglais emploient un matériel de ce genre, spécialement pour leur armée coloniale des Indes. Quant à nous, nous l'avons expérimenté dans la guerre de Crimée, 1854-1855, suivant un type proposé par le général Cavalli.

Il y a quelques années seulement, un de nos officiers les plus distingués, le major Clavarino, proposa de sérieuses modifications au dernier projet de Cavalli, dans le but essentiel de tirer parti de tous les perfectionnements qu'entraînent avec eux les progrès de l'industrie métallurgique.

Ces propositions, qui consistaient en une étude approfondie, minutieuse, de tout le nouveau matériel et qui, en résumé, virent le jour dans notre *Revue de l'artillerie et du génie*, ne furent point, chez nous, soumises à des expériences. Les comptes rendus des expériences, en quelque sorte internationales, faites dernièrement par la maison Grüson, au polygone de Tangerhütte, nous apprennent qu'un matériel de ce genre, application fort heureuse des desiderata des constructeurs de matériel d'artillerie de campagne de toutes les époques, a excité l'admiration des délégués des diverses puissances.

Ce nouveau matériel consiste en un affût blindé, à recul supprimé, permettant d'ouvrir le feu sans dételer l'avant-train et de tirer ainsi non seulement dans la direction normale, c'est-à-dire dans l'axe de la voiture, mais encore sous un angle qui peut aller jusqu'à 90°, c'est-à-dire jusqu'à ce que le plan de tir devienne parallèle à l'essieu qui porte les roues. La bouche à feu est un canon à tir rapide du nouveau modèle Grüson, de 57 millimètres, capable de tirer 40 coups à la minute.

Au point de vue tactique, la valeur de ce nouveau matériel, que Grüson destine aux batteries à cheval, n'est pas encore hors de toute discussion. Quelques-uns, et parmi eux le général Brialmont, le célèbre ingénieur militaire belge, pensent qu'il ne convient seulement que pour des cas spéciaux : par exemple, comme auxiliaire, dans certaines limites, de la défense des fortifications permanentes ; d'autres, au contraire, et parmi eux le général von Sauer, l'éminent écrivain allemand, déclarent qu'il convient parfaitement à l'artillerie à cheval.

Il n'est pas impossible que quelque puissance accueille favorablement ce conseil si autorisé, et introduise les nouveaux canons à tir rapide dans l'artillerie à cheval, tout en conservant les batteries spéciales qui ont été formées avec ce matériel, et qui seraient destinées essentiellement à manœuvrer avec l'infanterie.

Il est naturel d'ailleurs que, puisque avec les avantages d'un matériel du genre Grüson on ne tombe pas dans l'inconvénient d'un poids excessif et dans celui d'une complication trop grande de la construction et de la manœuvre, on se décide à entrer dans la voie tracée par le constructeur.

Si, par suite de la nécessité des choses et afin de ne pas rester trop en arrière des autres puissances, on formait chez nous, avec des canons à tir rapide, des batteries à pied destinées à combattre avec l'infanterie ; si de plus on changeait l'armement actuel des quelques batteries à cheval que nous possédons, alors peut-être le canon de 7 n'aurait plus de raison d'exister ; sa suppression s'imposerait, au contraire, ne fût-ce que pour réduire la multiplicité des approvisionnements en munitions, qui constituent en campagne une sérieuse difficulté.

On reviendrait ainsi à l'ancienne division de l'artillerie de campagne en artillerie légère et artillerie de position, cette dernière n'étant plus alors constituée que par des canons de 9.

Un dernier mot sur les armes de guerre : un nouvel élément va prendre place parmi elles ; cet élément est capable à lui seul de bouleverser tout l'édifice de la tactique nouvelle : je veux parler de l'aérostat.

Son adoption dans toutes les armées n'a eu jusqu'ici d'autre but que celui d'observer les mouvements de l'ennemi, et, secondairement, celui de permettre les communications des places bloquées avec les corps amis manœuvrant à l'extérieur.

On assure maintenant qu'en France le commandant Renard appliquant à l'aérostat, déjà proposé par lui-même et par le capitaine Krebs, un moteur électrique de son invention capable de fournir une force de 70 chevaux-vapeur pendant 10 heures consécutives avec un poids ne dépassant pas 400 kilogrammes, serait parvenu à obtenir la dirigeabilité parfaite. La source électrique serait fournie par des accumulateurs chargés à l'avance (1).

Des nouvelles de tentatives semblables, que l'on dit couronnées de succès, nous viennent aujourd'hui d'Angleterre et de la Suisse. Il paraîtrait réellement qu'il n'est plus permis de douter de la possibilité de résoudre, pour les usages militaires, le problème de la dirigeabilité des ballons au moyen des moteurs électriques, avec les perfectionnements considérables apportés aux accumulateurs depuis la première invention de Planté. En Angleterre même, le général Hutchinson préconise chaudement, par le moyen de la presse, l'idée de reporter sur les aérostats et les bateaux sous-marins toutes les études de perfectionnement du matériel de guerre, car, dans peu de temps, dit-il, ces appareils acquerront une puissance assez grande pour rendre inutiles la plus puissante artillerie, les fortifications les plus solides et les bateaux cuirassés.

Sans nous lancer si loin dans la fantaisie et nous livrer à des exagérations sur la puissance de ces appareils de guerre

____

(1) D'après les renseignements publiés par la presse, le commandant Renard aurait réussi à donner à son aérostat une vitesse de 40 kilomètres à l'heure, ce qui assurerait la dirigeabilité dans la plupart des circonstances de temps.

des luttes à venir, sans aller jusqu'à conclure que les batailles futures se livreront exclusivement dans les airs ou au fond des mers, on peut cependant affirmer, dès à présent, qu'il n'est pas improbable que l'on voie, dans la prochaine campagne, les aérostats dirigeables et armés en guerre, exercer une action considérable sur les modes du combat. Depuis l'année dernière, d'ailleurs, l'artillerie allemande a adopté des règles spéciales de tir contre les aérostats de l'ennemi.

DEUXIÈME PARTIE

Conséquences immédiates des nouvelles transformations de l'armement.

On a tellement écrit et tellement discuté sur les conséquences que les transformations de l'armement doivent amener dans le combat, que l'on peut dire qu'il ne reste plus rien de nouveau à ajouter sur cette question. Mais l'importance de ces conséquences a été beaucoup exagérée, principalement en France et en Allemagne. Nous avons pu lire, en effet, non seulement dans des publications étrangères au métier des armes, mais même dans des revues militaires, des descriptions fantastiques de batailles futures dans lesquelles l'un des deux partis, inévitablement surpris, était littéralement anéanti en quelques minutes et avant même d'avoir pu s'en rendre compte. Ce sont là véritablement de pures fantaisies, des exagérations manifestes.

Il est cependant certain que l'énorme accroissement de puissance des fusils et des bouches à feu ainsi que la suppression de la fumée, qui, jusqu'ici, avait été un facteur important dans le combat, entraîneront des changements considérables dans la conduite des engagements.

Si je résume tout ce qui a été dit déjà sur la tactique de l'avenir, ce que tout le monde connaît d'ailleurs, il me semble que l'on peut dire, en substance, que la tactique doit, plus encore que par le passé, se conformer aux deux principes suivants :

1° Voir sans être vu, afin de pouvoir mieux frapper sans s'exposer soi-même.

2° N'exposer au feu que la plus petite partie possible des forces que réclame le but immédiat que l'on poursuit, et faire produire aux forces mises en jeu toute l'intensité d'action dont elles sont susceptibles.

D'où il résulte : l'importance plus grande acquise à la guerre par le service d'exploration et d'informations fourni soit par la cavalerie de découverte, soit par les avant-gardes des corps en marche, soit par le service des avant-postes; une plus grande discipline du feu et une plus grande économie des forces; l'usage exclusif de l'ordre dispersé dans les zones de terrain battues par le feu de l'ennemi; une plus grande importance du couvert dû au terrain; l'importance de la construction d'abris artificiels, principalement dans la défensive; nécessité plus grande de l'esprit d'initiative chez les gradés subalternes, auxquels, moins encore que par le passé, il sera désormais possible de donner des ordres ou des indications pendant le cours de l'action, qui sera très courte; enfin, une durée plus grande de la première phase du combat, la période de préparation de l'attaque, etc.

Tout ce que nous venons de dire entraine naturellement la nécessité de donner à chacun, dès le temps de paix, l'instruction spéciale de préparation à la guerre ; en dehors de l'instruction, tout, habillement, équipement, munitions, etc., doit concourir à un but unique: savoir et pouvoir combattre dans les meilleures conditions.

Mais ce n'est pas sur ce trop vaste sujet que je veux m'appesantir, et je décline d'avance mon incompétence.

On entend souvent répéter que l'armement de notre infanterie et de notre cavalerie se trouve et restera encore quelque temps, vis-à-vis des armées étrangères, dans des conditions d'infériorité qui peuvent entrainer les plus graves conséquences (1). Cette remarque est loin d'être complète-

---

(1) Ce qui suit est empreint d'un certain optimisme; l'auteur arrive presque à démontrer que les armes à faible vitesse initiale sont préférables souvent aux armes à trajectoire tendue, par ce fait que celles-

ment exacte. Il est bien vrai que la puissance de notre armement actuel est un peu inférieure à celle de l'armement des armées étrangères; mais cette infériorité n'est pas si grande qu'elle puisse, je ne dirai pas empêcher, mais même entraver notre entrée en scène dans une guerre future avec des chances égales et peut-être même quelquefois supérieures à celles de nos adversaires.

De tout temps on a reconnu que, dans le domaine des choses militaires, un avantage nouveau entraine toujours avec lui un nouvel inconvénient. Si ce principe est bien vrai d'une façon générale, on peut dire qu'il l'est bien plus encore pour les armes à feu.

Le tir de notre fusil actuel, avec la cartouche modèle 1890, est un peu moins rasant et un peu moins précis que celui de plusieurs armes étrangères. Laissons de côté la précision du tir, qui n'a qu'une valeur toute relative et seulement peut-être aux distances très rapprochées et sur des objectifs spéciaux; mais cette même rasance du tir, qui permet au tireur de commettre des erreurs plus considérables sur la distance ou sur la hausse sans manquer l'adversaire, comporte l'inconvénient d'augmenter l'angle mort, c'est-à-dire l'espace protégé par les obstacles du terrain; or, cette protection du terrain croit avec la rasance ou la tension de la trajectoire, c'est-à-dire aussi, par le même fait, en même temps que la distance diminue.

Je me souviens d'expériences faites, il y a plusieurs années, au camp de Cirié, sur la résistance et le degré de protection relative fournie par deux types de batteries de siège, le type prussien et un autre type nouveau proposé à ce moment-là par le capitaine Biancardi.

Les deux batteries avaient été construites à côté l'une de l'autre et on les avait armées toutes deux avec du vieux maté-

---

ci laissent derrière le moindre obstacle de grands espaces en angle mort.

riel ; des cibles, dessinées d'après un gabarit, représentaient les servants des pièces en action. Le feu fut successivement ouvert contre les deux batteries, à la distance de 1.000 mètres environ, avec deux canons de 15 à obus percutant et avec deux canons de 9 à schrapnells. Après le tir, que je dirigeai en personne et qui, en raison du faible éloignement avait été remarquablement ajusté, quel ne fut pas l'étonnement général quand on constata que les batteries n'avaient éprouvé aucun dommage et qu'aucun servant même n'avait été touché par les balles du schrapnell. Les obus de 15, venant frapper sur la pente du parapet, ricochaient en produisant à peine un léger sillon qui se comblait tout seul ; quant aux balles des schrapnells, elles s'enfonçaient dans le parapet, ricochaient ou passaient au-dessus des objectifs, toujours sans produire aucun mal. On dut alors augmenter considérablement la distance de tir pour avoir des trajectoires moins tendues et un tir plus efficace.

L'inconvénient d'une moindre tension de la trajectoire qui se manifeste sur un terrain parfaitement uni et découvert se trouve donc ainsi réduit à des proportions bien faibles et se change même quelquefois en un véritable avantage sur des terrains accidentés ou seulement ondulés, qui sont d'ailleurs ceux que l'on rencontre le plus souvent. Les terrains unis et découverts seront évités naturellement par les troupes de l'attaque, quelle que soit la puissance de leur armement ; on ne les recherchera que dans les positions défensives ; là seulement, la défense, solidement établie, pourra utiliser toute la puissance de ses armes, et aura toujours, quel que soit l'armement des troupes en présence, l'avantage du feu sur l'adversaire.

D'un autre côté, les différences qui existent entre la justesse du tir et la tension de la trajectoire de notre fusil et des fusils plus récents, de nos canons de campagne et de ceux des puissances étrangères, deviennent de plus en plus faibles à mesure que la distance diminue. Par suite, un mode d'emploi des armes et même, dans certains cas, une façon de combattre et de manœuvrer réglés de manière à diminuer la distance à laquelle le feu est ouvert peuvent rendre aisée la tâche que l'on doit s'imposer de se mesurer à puissance égale avec n'importe quel adversaire. Du reste, l'infanterie prussienne en 1870 ne se trouvait-elle pas, avec le fusil Dreyse, en face de l'infanterie française armée du chassepot, dans des conditions d'infériorité bien autrement considérables que celles qui nous séparent de n'importe quelle infanterie moderne ? Elle sut cependant acquérir la supériorité sur le champ de bataille par son instruction, la discipline et l'esprit militaire des troupes qui la composaient.

Infanterie.

En ce qui concerne l'infanterie on peut objecter à ce que nous venons de dire au sujet de la diminution de la distance à laquelle on doit ouvrir le feu, qu'en France et en Allemagne, partout enfin, plusieurs écrivains réclament l'abrogation de cette maxime (commune à toutes les armées, désormais démodée et ne répondant plus aux qualités des armes modernes) qui fixe l'ouverture du feu de l'infanterie de l'attaque à la distance de 6 à 700 mètres ; on demande en même temps la faculté d'ouvrir le feu aux distances plus grandes auxquelles le tir commence à être efficace. A l'appui de cette thèse, on cite la bataille de Saint-Privat du 18 août 1870 dans laquelle, en 10 minutes et à une distance de 1.500 mètres (1) environ, plus de 6,000 hommes de la 1re division et de la 4e brigade de la garde, se portant à l'attaque des positions françaises, restèrent sur le champ de bataille, ce qui arrêta

---

(1) Cette distance de 1.500 mètres est celle à laquelle la garde entra dans la zone efficace des feux du chassepot ; formée en ligne de colonnes de compagnie, elle put s'avancer ainsi jusqu'à 5 ou 600 mètres de l'ennemi, distance à laquelle elle reçut l'ordre de se coucher et de se cramponner au sol.

nécessairement la marche en avant. On cite encore l'exemple de Plewna, en 1877, où les Russes subirent des pertes énormes aux grandes distances, bien que les Turcs aient toujours tiré presque sans pointer.

Il est bon, nous en convenons, que l'on tienne compte de ces deux exemples qui démontrent la possibilité d'obtenir, avec les armes actuelles et dans des cas spéciaux, une grande efficacité du tir même à des distances considérables ; ces résultats ne peuvent d'ailleurs étonner en aucune façon quiconque se fait une idée exacte du tir de mousqueterie de nos jours. Mais il serait absurde, par contre, d'en déduire comme règle que le tir d'infanterie doit commencer à 2.000 ou à 3.000 mètres. Les effets meurtriers obtenus par les Turcs et les Français sur l'infanterie ennemie ne furent rendus possibles que par la faute de leurs adversaires qui vinrent se présenter en masse et à découvert dans la zone dangereuse du tir de la défense. On sait, en effet, que le front d'attaque des Allemands à Saint-Privat ne dépassait pas 2.000 pas, en sorte que les troupes se trouvaient sur dix lignes, dans la formation la plus profonde que les Allemands aient employée au cours de cette campagne, en terrain découvert et uni, formant glacis, c'est-à-dire dans les conditions les plus favorables pour le tir des Français. Ces deux exemples, ainsi que ceux du même genre que l'on pourra citer, serviront donc plutôt à nous tenir en garde à l'avenir contre ces mêmes fautes qui furent la cause déterminante, sinon effective, des grandes pertes subies ; ils devront également nous préparer à tirer parti d'une aussi bonne occasion, si l'adversaire venait à retomber dans de semblables errements.

On dit aussi quelquefois : Mais si l'ennemi ouvre le feu à grande distance, ne se verra-t-on pas dans la nécessité de lui répondre ? Nous ne le croyons pas. Que la distance à laquelle les troupes commenceront leur déploiement soit considérablement augmentée afin d'éviter d'entrer en masse compacte dans la zone battue par les feux de l'adversaire ; que l'on augmente de 2 à 400 mètres la distance à laquelle on doit ouvrir le feu de préparation à l'attaque, que la limite maxima du tir individuel puisse encore être augmentée de 200 à 400 mètres, nous le concédons. Tout cela est non seulement rationnel, mais peut-être encore nécessaire. Mais que l'on doive, en principe, ouvrir le feu d'infanterie à des distances énormes, cela est absolument inadmissible ; en dépit de la suppression de la fumée et de la tension plus grande des trajectoires des nouvelles armes, les feux à grande distance présenteront toujours les mêmes sérieux inconvénients que par le passé : difficulté d'apprécier la distance de tir avec une approximation suffisante ; difficulté de voir et d'apprécier les effets du feu, par suite, difficulté de régler convenablement la hausse ; difficulté du pointage ; enfin, et c'est là peut-être l'inconvénient le plus sérieux, danger d'une consommation prématurée des munitions à des distances où le feu de mousqueterie est et restera toujours d'une efficacité relativement faible si on le compare au feu aux distances réduites, auxquelles se décidera cependant toujours le sort des combats.

Il conviendra donc de n'utiliser les portées plus grandes des armes nouvelles que dans des tirs de masse modérés et bien dirigés, et seulement sur des objectifs constitués par des rassemblements de troupes et se présentant dans de bonnes conditions ; mais, d'une façon générale aussi, il conviendra de garder pour un meilleur moment les cartouches des gibernes et des sacs, quand bien même on serait exposé au feu de l'adversaire aux atteintes duquel on devra se dérober par une rapidité plus grande des mouvements, par l'emploi de formations minces et par une large utilisation du terrain.

Il est naturel aussi que pour parer aux effets d'une rasance plus grande des feux de l'ennemi, on doive augmenter les distances entre les chaînes et les soutiens, entre ceux-ci et les réserves. Mais, rationnellement, ces distances devraient

varier en raison de la distance à laquelle se tient l'ennemi
qui fait feu et ces variations devraient être en raison inverse
de la distance de tir. Si on prend pour base la tension de la
trajectoire du fusil Lebel et du fusil allemand, pendant la
période de la préparation par le feu, la distance moyenne
pourrait être approximativement fixée à 200 mètres; mais,
par dessus tout, il me semble qu'il devrait être établi que,
lorsque les conditions du combat conseillent, dans tous les
cas, de faire avancer les soutiens et les réserves, ceux-ci
doivent se porter promptement sur la ligne de feu et faire
sentir de bonne heure à l'ennemi tout le poids de leur entrée
en ligne au lieu de rester inactifs sous le feu dirigé sur la
chaîne.

« Tirer quand on est loin, marcher quand on est près,
s'avancer presque sans faire feu, telle doit être la loi de la
tactique nouvelle », écrivait, il y a peu de temps, un officier
supérieur français suivant les traces du général Philebert
qui dans sa brochure *A propos des manœuvres de 1889*, écrivait ce qui suit : « C'est de loin qu'il faut commencer à
battre l'adversaire par des feux de salve bien réglés et judi-
cieusement commandés pendant que l'artillerie cherche à
ébranler la défense... Peu à peu le commandement reçoit des
informations; il voit et se rend compte des choses; la situation se dessine. Si le combat a été mal engagé, il est encore
possible de changer les dispositions et, dans une certaine limite, de choisir un nouvel objectif derrière le premier ri-
deau. Dans cette première phase du combat, tout doit marcher lentement et avec méthode. Quand on est parvenu à la
portée du tir individuel, on doit au contraire hâter et préci-
piter même le mouvement. Le ralentir à 600 mètres et faire
des poses de 600 jusqu'à 200 et 150 mètres, c'est faire le jeu
de l'ennemi et lui donner le temps, après lui avoir clairement
montré le point d'attaque, de faire accourir ses réserves, de
renforcer son front et de multiplier sur ce point les moyens
de résistance. »

« L'attaque une fois déterminée et bien préparée, il faut marcher droit devant soi, avancer rapidement et franchir d'un seul bond l'espace qui vous sépare de l'ennemi ; ce n'est plus le moment de faire des bonds méthodiques ; plus vite on ira, mieux cela vaudra. Si on arrête la marche, il faudra battre en retraite ; c'est là un point fatal. »

Et, en terminant, le général Philebert ajoute encore : « Notre conclusion à nous est qu'avec les armes nouvelles, *c'est de loin* qu'on devra faire usage du feu. »

Partout, en France et en Allemagne spécialement, ces idées sur la nouvelle tactique de l'attaque de l'infanterie sont accueillies avec faveur. Elles sont une conséquence rationnelle et naturelle des progrès des armes portatives. Il semble seulement que l'on doive faire une réserve sur cette affirmation absolue d'après laquelle on ne doit faire usage du feu qu'à grande distance ; cette réserve est motivée par les raisons que j'ai exposées. Ce sera au bon sens des commandants de troupes d'apprécier, en raison des circonstances particulières de distance, d'objectif, de terrain et même de moment tactique, si l'efficacité du feu que l'on peut obtenir sera en rapport avec le temps employé et la consommation des munitions. Et que l'on ne croie pas que c'est là une tâche facile : la connaissance exacte du tir des armes dont on est muni suivant la nature variable des cibles et du terrain, le sentiment bien défini de la situation, la sûreté du coup d'œil, c'est-à-dire, en somme, l'étude et le continuel exercice des manœuvres, peuvent seuls en rendre l'exécution possible.

Il y a peu de temps, on lisait dans les journaux politiques et militaires qu'en France, à la suite des résultats obtenus dans les expériences faites à Châlons sur l'emploi de la nouvelle poudre sans fumée (expériences auxquelles présidèrent les plus hautes autorités du pays), la commission d'expériences a conclu que c'est à l'infanterie dans la défensive que reviendra presque tout le profit des innovations introduites dans l'armement et que, par suite, la défensive, avec l'emploi des feux de salve à grande distance, semble devoir être préconisée.

Que la défensive, bien mieux que l'offensive, soit apte à utiliser toute la puissance du feu et puisse ainsi tirer le meilleur parti des perfectionnements apportés aux armes, cela se comprend facilement et, pour le prouver, point n'est besoin d'expériences nouvelles. La stabilité de la ligne de feu, les commodités du ravitaillement des munitions; la mesure ou l'appréciation des distances opérée à l'avance; la protection donnée par le terrain choisi et préparé suivant les besoins; la possibilité que l'on a de renforcer les points les plus importants, etc., tout contribue à assurer à la défense la supériorité du feu.

Mais que ces considérations seules suffisent pour préconiser la défensive alors même que l'on ne se trouve pas dans des conditions de force inférieures, cela paraît inadmissible.

L'écrivain français que j'ai déjà cité affirme dans son récent travail que « la situation de l'attaque deviendra très difficile, alors que celle de la défense apparaîtra, au contraire, de plus en plus favorable. Les armées adverses se trouvant, en effet, sur un terrain choisi à l'avance par la défense, celle-ci pourra, tout en restant à couvert, mieux encore que par le passé porter des coups plus terribles et plus meurtriers.

« Mais, ajoute-t-il encore, qui dit défensive ne veut pas dire une passivité absolue dans la défense, et, après avoir fait subir des pertes énormes aux troupes assaillantes, il conviendra de prendre l'offensive, et l'offensive complète ». Et, en matière de conclusion, l'auteur ajoute : « On atteindra ce but, qui désormais s'impose à la grande tactique, en choisissant, pour la défense, des positions assez fortes pour arrêter l'ennemi sans s'astreindre cependant à chercher des positions trop fortes, des positions enfin qui permettent en même temps de reprendre promptement et facilement la marche en avant. »

Déjà, depuis 1866, s'était formée un peu partout, mais surtout en France, cette idée que dans les guerres futures l'avantage devait fatalement rester à celui des deux partis qui, après avoir réussi à s'établir sur une position convenable, s'y couvrirait de retranchements et attendrait l'attaque de l'adversaire pour le détruire avant même qu'on en fût venu au choc décisif.

C'est ce mode de combat que nous avons vu presque exclusivement adopter par les Français en 1870-71 ; on en connaît les résultats ! On peut dire que la défensive passive, employée à dessein (1) par les Français, pour utiliser la supériorité du fusil Chassepot sur le fusil Dreyse, fut l'un des facteurs les plus importants (peut-être même le plus important de tous) des splendides victoires des armées allemandes. Que voit-on, en effet, dans la plupart des batailles de cette campagne ?

Dès que l'ennemi prononçait son attaque, les troupes françaises de première ligne se repliaient vers le gros des troupes, qui se tenaient en arrière à couvert et prêtes à défendre leurs positions, sans utiliser autre chose qu'une minime partie de la puissance du feu dont elles pouvaient disposer. Dès lors devenait possible, je dirai même nécessaire, une prompte marche en avant, un véritable mouvement de poursuite de chaque ligne de l'assaillant qui comprenait que, de cette façon seule, il parviendrait à se soustraire au feu meurtrier du gros des forces de l'ennemi, ou à le subir le moins possible avant d'en venir au choc final. Il n'était même pas

---

(1) C'est une erreur de croire qu'en 1870 les Français avaient érigé en principe le système de la défensive passive. Jamais, à cette époque pas plus qu'à un autre moment de notre histoire militaire, nos règlements n'ont préconisé la défensive, fût-ce même dans le but intéressé que l'auteur indique. L'attitude défensive de nos troupes sur les champs de bataille de cette guerre s'explique suffisamment, dans la plupart des cas, par l'inégalité du nombre et surtout par l'effet moral désastreux produit par les revers successifs des premiers jours de la campagne.

possible aux Français de prendre résolument et avec avantage la contre-offensive, ou d'opérer une contre-attaque : car, quand bien même on ferait abstraction de ce fait que, tout naturellement, le soldat se décidait difficilement à abandonner la protection de ses retranchements pour se lancer à découvert contre le feu bien nourri d'un adversaire posté à petite distance, il arrivait encore que le gros des forces ne pouvait faire usage de son feu dans le mouvement en avant, puisqu'il était masqué par la première ligne. Il n'en était cependant pas moins obligé de subir le feu intense de l'ennemi.

Ainsi qu'il arriva aux Allemands en 1870, on peut dire que l'adversaire d'une infanterie qui emploierait un semblable mode de combat aurait encore beau jeu.

Les Français avaient conçu, à cette époque, une confiance trop grande dans la supériorité de leur fusil ; les résultats de cette confiance furent trop désastreux pour nous laisser croire qu'ils puissent désormais retomber dans les mêmes errements. L'augmentation de la portée, la suppression de la fumée avec les armes nouvelles, ne suffiront pas à renverser les choses.

Malgré les résultats merveilleux qu'ils ont obtenus à cette époque, la tactique des Allemands dans cette campagne sera-t-elle encore bonne aujourd'hui ? Ne faudrait-il pas plutôt se demander si ces splendides résultats furent non seulement le fruit de l'excellence propre de leur tactique, mais aussi et surtout celui de la défectueuse tactique de leur adversaire.

On sait que tous les écrivains militaires, et principalement les écrivains allemands eux-mêmes, ont reconnu que le mode de combat de l'infanterie allemande en 1870-1871 présentait de graves inconvénients dont les principaux étaient : impossibilité de diriger les troupes, surtout dans la dernière phase du combat, ces troupes échappant à l'action directe de leurs chefs ; difficulté très grande de faire coopérer des masses considérables à un but tactique quelconque ; défaut d'économie dans l'emploi des forces en jeu. On sait aussi comment, pour éliminer ces inconvénients dans la mesure du possible, l'opinion générale est devenue favorable à la disposition des régiments en colonne plutôt qu'en ligne (1).

De cette façon, le combat, dès le début de l'action, se prépare et se développe avec la première ligne de chaque régiment formée des bataillons de tête des colonnes déployées totalement ou en partie, suivant les cas ; les bataillons suivants permettent dès lors d'étendre la première ligne ou de la renforcer sur les points où le commandant des troupes le jugera convenable ; enfin, les bataillons de queue peuvent servir à protéger les flancs, ou à menacer l'ennemi lui-même sur ses propres flancs.

Quelques écrivains étrangers et même italiens s'appuient sur les exemples de la campagne de 1870 pour considérer comme superflue la formation d'une troisième ligne qui se fait naturellement au détriment des première et deuxième ; ils prétendent en effet que lorsque la deuxième ligne n'aura pu tenir tête à une contre-attaque victorieuse de l'ennemi, ou n'aura pu arriver à temps pour renforcer les positions occupées, la troisième ligne ne pourra être d'aucune utilité, puisque, à fortiori, elle ne serait plus en état de remplir ni l'une ni l'autre de ces deux missions.

En effet, se présenter sur trois lignes à l'attaque veut dire s'avancer successivement par petits échelons et, par suite, envoyer ces échelons se faire battre successivement par des défenseurs solidement organisés. Il serait donc bien préférable de n'avoir que deux lignes seulement : la première, la plus forte, entame le combat à la distance convenable, suivant le cas ; la deuxième remplit les intervalles ou les vides, renforce et soutient la première, prête à entrer

_____

(1) Il s'agit ici du dispositif de combat de la brigade.

elle-même promptement en ligne au moment du besoin, à l'instant critique.

Il n'est certainement pas de ma compétence de juger si ces simples propositions, qui ne touchent en aucune façon au mode de combat et ne tendent qu'à mieux fixer les troupes dans la main de leurs chefs et à leur permettre d'agir promptement de tout le poids de leurs forces, répondent entièrement aux desiderata dont on a parlé plus haut ; il me suffit d'avoir montré ici un défaut ainsi que les moyens qui me paraissent propres à y remédier.

Je pense cependant que la situation du moment, le cas spécial en présence duquel on se trouvera, seront toujours la raison déterminante qui fera pencher la balance d'un côté ou de l'autre et qu'aucune règle absolue ne saurait être tracée.

Ce qui est généralement reconnu, et ce qui ne peut être nié, c'est que désormais, avec la prépondérance toujours crois-sante du feu de mousqueterie dans la défensive, les attaques de front seront beaucoup plus difficiles que par le passé ; le plus souvent, sur des terrains unis et découverts, elles seront absolument impossibles, quelle que soit la formation em-ployée, à moins que le feu de l'artillerie et même de l'infan-terie n'ait par avance rendu impossible toute résistance.

Plus que par le passé, on sera donc dans la nécessité d'avoir recours aux mouvements tournants et aux attaques de flanc qui se trouveront d'ailleurs grandement facilités par la puissance plus grande des armes et la suppression de la fumée. Hormis le cas où l'on sera sûr d'opérer par sur-prise, ces mouvements exigeront, toutefois, une grande supériorité de forces.

Naturellement, les surprises de jour, que la suppression de la fumée favorisera considérablement, seront d'autre part rendues plus difficiles par une vigilance plus grande des défenseurs et par des dispositions préventives.

Il conviendra donc d'avoir recours, plus que par le passé, aux surprises de nuit qui, non seulement rétabliront l'équi-

libre dans la puissance du feu entre l'attaque et la défense
et laisseront à la première tout l'avantage de l'initiative
prise, mais encore donneront à cet avantage une importance énorme.

Quelques auteurs, se laissant aller à un sentimentalisme
déplacé, repoussent les surprises nocturnes qu'ils consi-
dèrent plutôt comme des guet-apens indignes de vrais sol-
dats que comme de véritables combats.

Mais, il y a longtemps qu'on l'a dit, le temps de la cour-
toisie chevaleresque sur les champs de bataille est bien
passé. Dans les guerres d'aujourd'hui, il importe de vaincre
à tout prix, car il y va souvent de la sûreté, de l'honneur et
de l'existence même de la nation. Pour vaincre, on peut et
on doit faire appel à tous les moyens, quelle qu'en soit la
nature. Il serait donc puéril et non chevaleresque de
renoncer aux attaques de nuit, surtout quand on sait que
les armées étrangères s'y exercent continuellement avec
l'intention bien évidente d'y avoir recours dans une large
mesure et de se trouver, au moment voulu, bien préparées à
ce genre de combat. On sait, en effet, que depuis quelques
années, en France et en Allemagne, les exercices de combat
de nuit ont pris une large part dans l'instruction habituelle.
Il est désormais prouvé que le sens de la vue s'affine si on
habitue l'œil à une obscurité incomplète, comme l'obscurité
de la nuit la plus sombre ; tout au moins on peut dire que cet
exercice, habituant l'homme à l'obscurité, lui permet d'o-
pérer librement presque aussi facilement qu'au grand jour.

L'exemple de Levico (1) dans la campagne de 1866, quoique unique de son espèce dans l'histoire de notre armée, a
montré quelle peut être l'utilité des attaques de nuit.

L'avant-garde de la division Médicis, en marche sur
Trente, après le combat de Borgo, fut surprise de nuit, le

---

(1) Levico, vallée supérieure de la Brenta, route de Trente à Primo-
lano, par Pergine.

10, près de Levico, par un feu bien nourri de trois lignes de troupes fraîches autrichiennes qui interceptaient et barraient complètement l'étroite vallée. Au milieu du silence le plus absolu, et sans tirer un seul coup de fusil, un bataillon du 28ᵉ régiment d'infanterie, le 4ᵉ, je crois, attaqua subitement l'ennemi à la baïonnette et la victoire fut complète et soudaine. Le terrain de l'attaque remontait en pente légère vers les défenseurs.

Pas un de nos hommes n'avait été atteint par les balles autrichiennes dont le tir avait été dirigé trop haut au milieu de l'obscurité.

Les nôtres étaient harassés par des marches très fatigantes et par les combats des jours précédents. Le terrain de la lutte apparut cependant le lendemain couvert de cadavres autrichiens jusqu'au delà de Levico; le carnage avait été inévitable. Mais si, aux premières décharges des Autrichiens, le général qui commandait s'était arrêté et eut battu en retraite, si les Autrichiens, au lieu de se borner à une défensive passive, avaient attaqué avec énergie, il n'est pas douteux que nous aurions été écrasés à la faveur de la confusion énorme résultant de l'obscurité. Ce fait, véritablement mémorable et digne de l'histoire romaine, valut au drapeau du 28ᵉ la médaille d'or de la « Valeur militaire ».

En cas d'insuccès de l'attaque nocturne, l'assaillant est naturellement plus exposé qu'en plein jour à une défaite complète, à la pleine déroute par suite des difficultés plus grandes qu'il rencontrera pour se reformer après avoir été repoussé.

On doit naturellement parer à cette éventualité, toutes les fois qu'il sera possible, en disposant à une distance convenable du front d'attaque et dans de bonnes positions en arrière l'artillerie et la cavalerie (qui, durant l'attaque, ne peuvent que constituer un embarras) prêtes à accourir pour occuper les positions conquises ou à protéger la retraite, selon le cas; dans le même but, l'attaque ne devra être prononcée que peu de temps avant le jour, pour que, dans tous les cas, l'artillerie et la cavalerie puissent concourir à l'action commune au moment opportun.

Les propriétés des armes nouvelles augmenteront considérablement la supériorité du feu de la défense sur celui de l'attaque et tendront par suite, plus encore que par le passé, à équilibrer la puissance des deux partis quand il n'existera qu'une différence légère entre leurs forces respectives. La défensive, qui doit tendre à utiliser toutes ces bonnes propriétés, devra naturellement aussi apporter le plus grand soin dans le choix de ses positions, et en compléter l'organisation par tous les moyens possibles (il serait superflu d'en donner ici l'énumération) sans oublier certainement les mesures nécessaires pour assurer, avec la plus grande promptitude possible, le ravitaillement en hommes et en munitions.

Le principal facteur de la défense étant l'action par le feu, celle-ci devra y avoir recours toutes les fois que les circonstances le permettront, afin d'entamer l'attaque ou tout au moins de l'inquiéter et de la fatiguer pour quelque temps. Le but principal de la défense sera donc toujours d'infliger les plus grandes pertes possibles à l'adversaire ; se défiler des vues et du feu, quelles qu'en soient l'importance et la nécessité, ne devra jamais être pour elle qu'un point secondaire.

Ces principes, communs aux règlements de toutes les armées européennes, sont assurément excellents. Mais il semble que dans la défensive, aussi bien que dans l'offensive, ce serait négliger l'avantage de la nouvelle poudre sans fumée que de trahir ses propres forces et les positions occupées en se maintenant en vue de l'adversaire et en lui permettant ainsi de s'orienter facilement.

Il me semble donc que les principes énoncés plus haut doivent être conservés tout en leur donnant un peu plus d'élasticité et en les modifiant dans ce sens que : sans nuire en aucune façon aux conditions de facilité d'exécution de son feu et à son efficacité, la défense, mieux encore que l'attaque, doit voir sans être vue et se mettre à couvert du feu de l'ennemi.

Avec les nouveaux explosifs sans fumée, il sera d'une haute importance de savoir se défiler aux vues et se couvrir des coups; se dérober aux vues et faire éprouver des pertes à l'adversaire non seulement ne constituent pas deux opérations exclusives l'une de l'autre, mais on peut dire que la première sera le facteur le plus précieux de la deuxième.

Artillerie.

Dans certaines limites suffisantes de la puissance d'éclatement des projectiles et de la tension de la trajectoire, aujourd'hui plus que jamais, la justesse du tir me paraît être la qualité la plus précieuse des canons de campagne. En effet, à la guerre, soit dans le duel d'artillerie, soit dans le tir contre les troupes, ce qu'il importera, avant tout, sera plus que jamais de frapper vite et avec une intensité suffisante, c'est-à-dire de devancer l'adversaire, de le mettre dans l'impossibilité de tirer, ou de troubler considérablement son tir avant que lui-même ait pu parvenir à ce même résultat.

Voilà tout. Au premier résultat en succédera bientôt un second, puis le résultat final. La puissance d'éclatement des nouveaux schrapnells de l'artillerie des différentes armées modernes, sans en exclure la nôtre, est tellement considérable, on le sait, qu'il suffira d'une seule salve de batterie, bien ajustée contre une autre batterie, pour empêcher cette dernière de continuer immédiatement son feu en l'obligeant à pourvoir au remplacement des nombreux servants qui auront été atteints par les balles de schrapnells.

La question capitale sera donc pour l'artillerie d'arriver promptement, plus promptement que l'adversaire, au réglage de son tir. Trois facteurs concourent à ce réglage : la précision du tir de la pièce, les qualités de la fusée, l'habileté du personnel.

J'ai montré plus haut que déjà avec la poudre noire la précision du tir de nos pièces est égale à celle des artilleries étrangères ; avec la balistite, notre artillerie l'emporte, à ce point de vue, sur toutes les autres, à l'exception de l'artillerie allemande qui aura une précision égale à la nôtre s'il est vrai toutefois qu'elle ait adopté la balistite, ainsi que nous le ferons nous-mêmes.

Depuis longtemps déjà nous possédons la meilleure fusée à double effet parmi toutes celles qui existent ; la meilleure par sa simplicité comme par la régularité de ses effets. Cette fusée nous procure un avantage considérable sur toutes les autres artilleries.

Il reste cependant contre nous ce fait que les canons de bronze, même comprimé, subissent à l'usage des agrandissements et des dilatations de l'âme dues aux compressions ultérieures produites par le forcement du projectile ; or, ces dilatations entraînent des diminutions de vitesse et, par suite, de portée. Ces dilatations de l'âme et les diminutions de portée qu'elles entraînent augmentent avec le nombre de coups tirés par la pièce, suivant une loi déterminée et presque constante. Il en résulte que, si une de nos batteries ne possède pas ses six pièces dans le même état de conservation, on sera obligé, pour obtenir le réglage du tir, de faire usage de plusieurs règles de tir, c'est-à-dire de procéder à des corrections qui compliquent le service dans l'exécution du feu (1).

---

(1) D'après les différences de portée obtenues dans des expériences spéciales faites à l'école de Nettuno l'année dernière, avec des canons de campagne des deux calibres et des canons de montagne, dans des états différents de conservation, j'ai pu établir d'après mes calculs, et, je crois, avec une exactitude suffisante, que les vitesses initiales diminuent d'environ 10 mètres pour chaque somme de 500 coups à balle tirés ; il en résulte donc que, à 500 coups tirés en plus, devra correspondre, pour les canons de campagne, une augmentation de hausse de 25 mètres pour une distance de tir de 1.000 mètres, et de 50 mètres pour les pièces de montagne. J'ai pu calculer aussi que les fusées doivent

Mais si toutes les pièces d'une batterie se trouvent dans les mêmes conditions, l'inconvénient disparaît, ou peu s'en faut, et la justesse du tir de la batterie entière peut égaler et même dépasser celle d'une batterie de canons en acier (1). Il n'en vaudra que mieux naturellement si toutes les pièces de la brigade, et non seulement de chaque batterie, se trouvent dans des conditions identiques ; on évitera ainsi que, dans le tir sur un même objectif, les batteries d'une même brigade aient besoin de recourir à des règles de tir différentes.

En résumé et pour conclure, nous pouvons dire que la bonté de notre matériel ne le cédera en rien à celui d'aucune autre artillerie des armées étrangères (2).

Pour avoir, à la guerre, le dessus sur les autres artilleries, tout dépendra donc du bon emploi que l'on fera du matériel existant, c'est-à-dire de l'habileté du personnel dans l'exécution des différentes manœuvres, dans le pointage du tir ainsi que de l'emploi rationnel de l'arme au point de vue tactique.

J'ai déjà indiqué de quelle importance considérable sera nécessairement dans les batailles de l'avenir, bien plus que par le passé, la bonne instruction technique de l'officier et

---

être réglées sur une réduction de la distance donnée par la hausse : réduction de 15 mètres par 1.000 pour les canons de campagne et de 30 par 1.000 pour les canons de montagne, par 500 coups à balle tirés en plus. (Note de l'auteur.)

(1) La note n° 39 du *Journal de l'Artillerie et du Génie*, parue depuis, tend précisément à faire disparaître, ou plutôt à atténuer l'inconvénient précité.

Malgré cela, il est naturel que l'on persiste à désirer d'arriver bientôt, avec le bronze d'aluminium qui est à l'étude dans l'Europe entière ou avec d'autres alliages, à atteindre le but poursuivi depuis longtemps, c'est-à-dire à réaliser dans un seul métal l'avantage du faible prix de revient du bronze actuel joint à la résistance et à la durée plus grandes de l'acier. (Note de l'auteur.)

(2) Comme on le voit, la conclusion sur l'appréciation du matériel d'artillerie est aussi optimiste que celle qui a déjà été donnée sur l'armement de l'infanterie.

du soldat de toutes les armes. Je crois cependant que cette importance sera bien plus considérable encore en ce qui concerne l'artillerie.

Le moindre retard, un instant de perdu seulement dans le réglage du tir peut suffire pour permettre à l'adversaire de prendre les devants et pour décider ainsi de l'issue de la lutte. D'où résulte la nécessité absolue de disposer d'un personnel parfaitement instruit et habile, familiarisé avec toutes les branches de l'instruction technique de l'arme, depuis la marche et la prise de position jusqu'à la manœuvre des pièces et au pointage dans le tir. Pour arriver à ce but, nous le savons, aucun effort ne devra être négligé.

Un brillant écrivain de la *Revue scientifique* a démontré mathématiquement, il n'y a pas longtemps, que l'on peut considérer la puissance d'une troupe comme le produit de trois nombres : le premier mesuré la qualité de l'armement et l'habileté technique du soldat (on peut le dire identique pour les diverses armées européennes); le deuxième représente le courage même du soldat, mesuré d'après les probabilités mathématiques du danger de mort qu'il peut affronter sans lâcher pied; le troisième est le carré de l'effectif de la troupe. Il en arrive ainsi à conclure que le facteur prépondérant des victoires futures sera représenté par le nombre des combattants que le commandement aura su et aura pu mettre en ligne contre l'adversaire.

S'il est possible d'admettre cette théorie, répond un non moins brillant contradicteur, quand on suppose deux troupes d'infanterie seules faisant face l'une à l'autre, il n'en sera plus de même si l'on tient compte, comme on le doit, de l'influence considérable qu'exerce aujourd'hui l'artillerie sur le combat.

Si nous faisons abstraction des dispositions prises par le commandement supérieur, du choix des positions et de la prise de possession de ces positions, des qualités morales et techniques du personnel, de la perfection du matériel employé, on peut dire que, de nos jours, le principe de la puissance d'une artillerie sur le champ de bataille consiste essentiellement dans la valeur des commandants de batterie,. au point de vue de la direction du tir.

Une compagnie d'infanterie au complet et bien instruite représentera toujours un ensemble de 200 hommes qui, dans le combat, tirent et font éprouver des pertes à l'ennemi, quelle que soit d'ailleurs la valeur de leurs officiers. L'action de ces derniers sur l'heureux emploi des qualités de leurs hommes et sur les effets de leur feu a pu se faire sentir d'abord par l'instruction qu'ils leur ont inculquée et la direction première imprimée ; elle ne se fera plus sentir directement, pendant l'exécution du feu ; tout au moins peut-on dire que son influence sera très faible.

Une batterie, au contraire, a une valeur égale à zéro, quelles que soient ses qualités de solidité, d'instruction et son aptitude au combat, si celui qui la commande ne sait diriger son tir. On a vu et on verra encore des compagnies d'infanterie, commandées par un sergent, emporter des positions. Mais on ne verra jamais plus, si toutefois le fait a pu se produire dans le passé, une batterie de 6 pièces dépourvue d'officiers donner, dans une circonstance quelconque, un résultat satisfaisant.

Cette vérité n'est pas vieille ; elle n'en est vraiment une que depuis 1870, c'est-à-dire depuis le jour où les perfectionnements apportés aux pièces ont pu permettre aux armées allemandes d'abord, puis à toutes les autres dans la suite, le réglage du tir d'après l'observation des points d'éclatement des projectiles et par des règles méthodiques d'un effet prompt et certain.

La justesse de ces règles ou principes ne fut l'objet d'aucune controverse jusqu'à l'apparition des canons à tir rapide. Mais, dans ces derniers temps, il s'est trouvé des écrivains, principalement en France et chez nous, qui, s'illusionnant peut-être sur la puissance des canons à tir rapide dont le parallèle avec les canons proprement dits ne sera jamais possible quelque grande que soit cependant la vitesse du tir, estiment qu'à la guerre il sera bon de mettre de côté les règles de tir; selon eux, on devra tirer normalement au front avec des hausses échelonnées, sinon tirer à toute vitesse et droit devant soi en laissant au hasard plus qu'à toute autre chose le soin d'assurer l'efficacité du tir. Il n'est pas douteux, nous le reconnaissons, que l'usage des hausses échelonnées ne convienne parfaitement dans certains cas spéciaux, quand le temps fera défaut, par exemple, et par suite aussi la possibilité d'arriver au réglage du tir; mais il est inadmissible qu'une semblable méthode devienne la règle du tir de l'artillerie, car ce serait ainsi faire abandon du plus grand avantage peut-être que possède l'artillerie sur les feux d'infanterie et sur les canons à tir rapide, c'est-à-dire de la faculté de frapper d'une façon sûre, prompte et efficace. La dernière objection sérieuse que l'on puisse faire au réglage méthodique du tir à la guerre, procédé qui a produit de si bons résultats entre les mains des Allemands en 1870, disparait désormais avec la suppression de la fumée sur les champs de bataille.

Une artillerie ayant à sa tête des officiers plus versés que ceux de l'artillerie adverse dans l'art du tir (je dis art intentionnellement, et cet art, comme tous les autres, demande nécessairement des aptitudes naturelles, des études approfondies et un exercice continu) aura facilement raison de cette dernière, et la détruira ou la réduira à une inaction complète, sinon sur tout le front de la ligne de bataille, du moins sur les points principaux et avant que l'infanterie soit engagée dans le combat. Quelque affaiblie qu'elle sorte de la lutte, l'artillerie victorieuse de son adversaire conservera toujours une puissance énorme de destruction en face de l'infanterie ennemie qui ne pourra rien ou presque rien contre elle quelles que soient la valeur de son armement, son entrain et la bonne direction de ses chefs. Comme en 1870, et bien plus encore, la valeur de l'artillerie, les qualités des commandants de batteries surtout, constitueront peut-être, dès le début de la lutte, la cause prépondérante de la bonne issue du combat.

Je ne parlerai pas de la responsabilité qui incombe de ce fait aux commandants de batteries ainsi qu'aux officiers qui sont appelés à les remplacer en cas de besoin; ce serait chose superflue. Ils doivent posséder au plus haut degré toutes les qualités morales, intellectuelles et physiques : l'énergie, le sang-froid, la lucidité et la promptitude d'esprit le coup d'œil et une vue excellente, la résistance physique, l'ascendant moral, etc. Tous les officiers, quels que soient leur grade et l'arme à laquelle ils appartiennent, doivent, dira-t-on, posséder ces qualités. Cela est juste; mais le capitaine d'artillerie est appelé à en faire preuve et à les produire toutes ensemble, dans toute la force de leur intensité, instantanément pour ainsi dire, et au moment le plus critique. Notons en passant que la possession d'une longue-vue de campagne est d'une grande importance pour faciliter la tâche du commandant de batterie (1).

En Allemagne, on le sait, on a adopté pour l'artillerie de campagne de nouvelles jumelles dont on dit le plus grand bien; ces jumelles ont été données non seulement aux officiers mais encore à tous les sous-officiers de l'arme.

La puissance énorme de l'artillerie sur les champs de bataille de l'avenir nous explique l'extension considérable que cette arme continue à prendre chaque jour dans les armées européennes; elle nous explique aussi la facilité avec laquelle toutes les nations, sans en excepter la nôtre, consentent des sacrifices de toute sorte pour l'amélioration constante du personnel et du matériel.

---

(1) Je pense que ce qu'il faut rechercher avant tout pour une jumelle d'artillerie, c'est la netteté et un champ suffisant, de préférence à un grossissement considérable, qui diminue la lumière et restreint le champ. (Note de l'auteur.)

L'emploi technique et tactique de l'arme portera encore, dans plusieurs années et peut-être plus qu'il ne faudrait, les traces des vieilles maximes et des principes légués par l'ancienne artillerie, dont le caractère différait tant de celui de l'artillerie moderne; dans cet ordre d'idées particulier, de vives discussions se sont engagées sur mille questions toutes fort importantes.

Je ne rappellerai que les principales.

Quel que soit le système employé pour la conduite du feu, ce système, mis en présence des autres, présentera toujours des avantages et des inconvénients. C'est ainsi que des règles de tir très minutieuses et très spécialisées donneront, selon toute probabilité, une grande précision, mais seront par contre aussi d'une application difficile et même impossible en campagne; au contraire, des règles simples et seulement rudimentaires seront d'une application facile, mais leur exactitude pourra être aussi insuffisante et rendre nul l'effet du feu dans bien des cas. C'est encore le juste milieu que l'on doit chercher dans cette question d'une importance capitale pour l'artillerie; la découverte n'en est pas aisée et je n'en veux pour preuve que les changements introduits presque chaque année dans leurs règles de tir par les principales artilleries de campagne de l'Europe; et cependant chacun sait que des règles d'une valeur médiocre et bien appliquées dans de continuels exercices valent infiniment mieux que des règles excellentes, mais imparfaitement connues et insuffisamment méditées par le personnel appelé à s'en servir. Sur ce terrain là encore, la stabilité est aussi l'objet de notre plus vif désir.

Par suite de l'adoption des explosifs aux lieu et place de la poudre, par suite aussi de la création de nouveaux projectiles, l'artillerie prussienne et l'artillerie française ont changé leur règles de tir l'année dernière. Comme par le passé, les caractères principaux sont : du côté des Français, une complication telle que l'on se demande comment ils peuvent espérer arriver à les appliquer sur le champ de bataille; du côté des Allemands, au contraire, une simplicité relative. Dans les deux armées cependant, comme dans toutes les autres, y compris l'armée russe sceptique ou indifférente jusqu'à ce jour à la question de l'opportunité de l'adoption des règles de tir spéciales, on se préoccupe essentiellement du réglage du tir.

On sait que la Russie a abandonné maintenant (hormis dans des cas spéciaux) l'usage des hausses échelonnées qui, par mesure transitoire et à titre de simple expérience, avait été pendant quelque temps la seule prescription réglementaire pour la conduite du feu dans les armées de ce pays.

Ce qui différencie essentiellement les divers systèmes en usage, c'est que dans certains pays, comme la France par exemple, on donne à égal degré une extrême importance à la rapidité du tir et à la précision dans le réglage; dans d'autres, au contraire, on donne plus d'importance à la rapidité du tir; ailleurs encore, c'est le réglage qui prime tout.

Le caractère essentiel de nos prescriptions provisoires sur la conduite du feu est la recherche de la rapidité, bien plus que de la précision, à laquelle on n'attache plus une importance aussi grande, avec l'emploi du nouveau schrapnell à diaphragme. On s'en tient maintenant chez nous à l'unique fourchette de 100 mètres, sans contrôle obligé et sans le réglage méthodique du tir dont l'opportunité est toujours laissée, suivant les circonstances et dans des conditions d'élasticité précieuses, à la libre appréciation du commandant de la batterie.

Mais il convient d'observer que le commandant de batterie peut assez facilement être induit en erreur par l'observation des coups de la fourchette (environ dix fois sur cent, dans de bonnes conditions de terrain, de lumière et de distance) et que, alors même que l'observation s'est faite exactement, la hausse moyenne de la fourchette peut différer

beaucoup trop de celle que donnerait le tir ajusté ; trop souvent aussi, le tir exécuté à une aile pourra apparaître bien
ajusté à l'observateur de la batterie, alors qu'en réalité il ne
donnera qu'une efficacité insuffisante.

Aux difficultés de régler la hausse dans le tir à l'aile
d'une ligne se joignent encore les difficultés bien plus grandes
encore du réglage de la fusée qui, avec notre armement,
toujours ou presque toujours doit avoir une graduation différente de celle de la hausse.

Si l'on réfléchit encore que, principalement dans le duel
d'artillerie, non seulement il est indispensable d'exécuter le
réglage du tir, mais qu'il convient même de l'exécuter avec
une précision assez grande, on reconnaîtra facilement combien est juste le vœu de beaucoup de nos officiers qui dési-
reraient que, chez nous aussi, les règles définitives du tir des
batteries de campagne dont on a déjà parlé soient suffisantes pour donner une garantie d'efficacité, toujours et
dans tous les cas, et qu'elles ne soient que juste *à peine suffisantes* dans le but d'une simplicité plus grande et d'un emploi plus facile.

Il est à présumer d'ailleurs que ces règles définitives ne
tarderont pas à être mises en vigueur, car la mise en service des poudres blanches dans toutes les artilleries de l'Europe vient encore d'en accroître la nécessité.

Plus discutable est l'opportunité de l'emploi de la vis de
pointage pendant le tir de réglage. Comme les Allemands,
nous en avons fait usage à une certaine époque, et, comme
eux aussi, voilà plusieurs années que nous l'avons aban-
donnée.

La France, au contraire, qui a adopté le système de la vis
de pointage et de la manivelle, sur un mode assez compliqué
d'ailleurs, à la reconstitution de son armée en 1871, en a
expérimenté pendant quelques années la suppression avec
l'usage exclusif du pointage à la hausse, pour l'adopter de
nouveau en 1888 avec les mêmes complications du début et

peut-être même avec des complications plus grandes, afin
d'en conserver tous les avantages.

Il est certain d'ailleurs que quelque perfectionnée que
soit la hausse et quelles que soient l'habileté et l'adresse du
personnel, le pointage direct ne donnera jamais la rapidité
de tir que l'on obtient par l'emploi de la vis de pointage.
Mais il est certain, d'autre part, qu'avec l'usage de cette vis
de graves inconvénients peuvent se produire, et que, dans
la précipitation du moment, des corrections de tir exécu-
tées en sens inverse de celui qui est prescrit, peuvent com-
promettre le tir de toute la batterie.

Cette fois encore, la solution se trouve dans le juste milieu : obtenir la rapidité suffisante avec la plus faible
chance possible d'erreurs, et avec le moins de mal possible
quand ces erreurs se produisent. Ce problème ne paraît pas
insoluble, mais ce n'est pas le moment de le traiter ici et
nous nous laisserions entraîner trop loin.

Le chargement préalable des pièces de la batterie avec
des projectiles percutants ; le passage du tir percutant, toujours plus favorable au réglage de la hausse lorsque l'observation des coups est possible, au tir fusant, dont l'observation est plus sûre et plus efficace mais aussi plus lente et
plus difficile ; le moment de l'exécution du feu et son mode de
distribution ; l'augmentation et la diminution des intervalles
et des hauteurs d'éclatement dans le tir fusant, suivant la
nature, la formation ou l'emplacement des objectifs ; l'emploi des observations faites de points latéraux ou élevés,
etc., etc., sont autant de questions que soulève l'emploi technique de la batterie et qui ont une grande importance : importance aujourd'hui bien plus considérable que par le passé.

Je passerai sur ces questions non sans faire observer
qu'il est indispensable, aujourd'hui plus que jamais, que le
commandant de batterie, à une connaissance parfaite et
précise du tir de ses pièces et de celles de l'ennemi, au sens
exact de l'influence de la forme du terrain sur le tir, à l'ha-

bitude et à l'exercice du tir, puisse joindre encore la promptitude dans la décision.

Mais le tir de l'artillerie contre un objectif immobile et à découvert, aux petites distances ou aux distances moyennes, deviendra nécessairement à la guerre, l'exception ; tout au moins, certainement, quand l'exécution en sera possible, le tir dans de semblables conditions ne pourra durer que de courts instants, car aucune force humaine ne serait capable de lui résister longtemps.

On apportera donc le plus grand soin à pouvoir frapper sans être vu ou à éviter, par une grande rapidité dans les mouvements, les dangereux effets du tir de l'adversaire.

Contre des objectifs immobiles, on fera le plus souvent usage du tir direct à grande distance, ou du tir indirect spécialement contre l'artillerie, dans la première phase du combat et contre les objectifs mobiles d'infanterie et de cavalerie dans la deuxième phase de l'action.

En occupant des positions bien abritées, il sera possible de forcer les batteries ennemies à l'usage du tir indirect.

D'un autre côté, quand on attaquera des positions déjà occupées et mises en état de défense par l'adversaire, munies d'artillerie déjà convenablement postée pour exécuter des feux directs sans s'exposer aux vues, chose rendue désormais possible par les nouveaux explosifs, l'artillerie de l'attaque sera souvent obligée soit d'ouvrir le feu à grande distance avant d'être aperçue, soit de recourir délibérément aux positions défilées ; l'artillerie adverse se verra ainsi également obligée de recourir au tir indirect et l'avantage, que son établissement préalable sur ses positions devait lui assurer, sera ainsi contrebalancé. Opérer autrement, se présenter au duel avec la certitude de l'infériorité considérable dans laquelle on se trouve en présence d'un adversaire qui a pris les devants dans le réglage du tir ne serait le plus souvent qu'un inutile et vain sacrifice.

Plus qu'autrefois encore, il conviendra donc que les bat-

teries soient exercées au tir à grande distance et qu'après avoir choisi de bonnes méthodes de tir à pointage indirect et de tir contre des buts mobiles, leur instruction soit vivement poussée dans ce sens de manière que, sur le champ de bataille et mieux encore que par le passé, l'exécution de ces tirs arrive à être prompte et aussi parfaite que possible.

Deux mots encore sur l'emploi tactique de l'artillerie. Tous les règlements tactiques d'Europe recommandent d'éviter pour l'artillerie les positions trop dominantes d'où le tir devient trop fichant et par suite peu efficace; de plus, ces positions sont d'une occupation laborieuse et l'évacuation en est lente et difficile.

Ces raisons sont toujours excellentes, bien qu'elles datent de l'époque des premiers canons lisses lançant des boulets pleins.

Mais nous devons observer que, aussi bien que nous, l'adversaire cherchera à se dérober aux vues dans la mesure du possible; et la chose sera d'autant plus difficile pour lui que nous occuperons des positions élevées. Observons aussi que si la rasance du tir, absolument indispensable à l'efficacité du tir des boulets sphériques, disparaissait avec l'occupation de positions élevées, il n'en est plus de même aujourd'hui dans le tir à schrapnells. En effet, quoique ce tir devienne plus fichant quand il est exécuté d'un point élevé et que la zone battue devienne ainsi moins profonde, on doit considérer que cette zone conserve néanmoins une profondeur assez grande qu'il est possible d'augmenter encore si l'on augmente les intervalles d'éclatement. De plus, le tir, fichant exécuté de positions élevées, aura toujours une efficacité plus considérable sur des troupes qui seront non seulement masquées aux vues, mais encore abritées, c'est-à-dire couvertes par des ressauts naturels du terrain ou par des retranchements; le réglage du tir contre des troupes manœuvrant en terrain accidenté et couvert d'une végétation même peu élevée (et notre terrain princi-

pal, celui de la vallée du Pô, est partout recouvert de végétation hormis dans les landes) n'est-il pas d'ailleurs plus facile
quand ce tir s'exécute de points élevés? Et que de fois aussi
ce réglage ne sera-t-il possible qu'à cette seule condition!
En dernier lieu, nous ferons remarquer encore que contre
les positions élevées, surtout si ces positions sont constituées
par des crêtes dominantes, le réglage du tir devient très
difficile et son efficacité très faible.

Mon intention n'est cependant pas de prétendre que l'artillerie doit préférer les cimes inaccessibles, se fatiguer dans
ce but et perdre son temps à les atteindre.

Certainement non; ce que j'ai voulu montrer c'est que,
dans les conditions actuelles, on ne doit pas craindre comme
par le passé d'occuper des positions élevées, et qu'on ne
doit pas les éviter par cette seule raison qu'elles sont très
élevées, toutes les fois qu'il sera possible de les occuper et
de les évacuer facilement et avec promptitude. Notons
encore que la puissance plus grande acquise par le tir et
l'augmentation considérable des portées utiles doivent tendre à donner à l'artillerie une stabilité plus grande sur ses
positions; en raison de cette considération, on peut et on
doit même se montrer moins exigeant sur la rapidité avec
laquelle doivent s'exécuter la prise de possession et l'évacuation d'une position.

Nous voyons en effet que presque tous les écrivains militaires qui s'occupent des choses de l'artillerie sont d'avis
que, au début de l'action, dans le duel des deux artilleries,
celles-ci devront à l'avenir se tenir à une plus grande distance l'une de l'autre que par le passé; que pendant toute la
durée de l'action l'artillerie ne doit pas occuper plus de deux
positions, qu'il serait préférable qu'elle n'en occupe qu'une
seulement, si cette position est suffisamment bonne; enfin,
qu'elle ne doit plus accompagner l'infanterie marchant à
l'attaque.

Or, la position de l'artillerie sera suffisamment bonne, et

on pourra s'y maintenir constamment même lorsque l'infanterie se prépare à l'attaque décisive, à la condition seulement qu'elle sera suffisamment élevée, pour pouvoir dominer tout le champ de bataille au moins jusqu'à la ligne de feu de l'adversaire, qu'elle laisse la possibilité de concentrer le tir sur n'importe quel point de cette ligne et d'exécuter facilement en toute sûreté le tir par dessus l'infanterie amie jusqu'aux dernières phases de l'attaque.

Des positions aussi favorables pour l'artillerie ne se rencontreront naturellement que bien rarement, et seulement dans les combats défensifs ou encore dans les batailles de rencontre, parce que l'adversaire cherchera naturellement à les éviter dans tous les autres cas.

Quand on attaquera des positions ennemies déjà préparées par la défense et lorsque l'artillerie aura dû forcément pour contre-battre l'artillerie adverse recourir à des positions défilées ou bien encore s'établir sur des positions découvertes et par suite fort éloignées, il sera indispensable de prendre une nouvelle position plus rapprochée, avec des vues bien assurées pour la seconde phase du combat, celle pendant laquelle l'infanterie et la cavalerie des deux partis viennent à se joindre ; le tir direct seul peut être employé en effet contre de semblables objectifs toujours en mouvement.

Quant à la distance à laquelle il convient de poster son artillerie pour combattre l'artillerie ennemie au début du combat offensif, si la position est couverte il me semble qu'elle pourrait être approximativement fixée à 2.000 et 2.500 mètres, suivant les conditions du terrain, si l'on tient compte de la justesse du tir de nos pièces et de son efficacité, de la facilité d'exécution et de correction du tir, des difficultés moyennes d'observation de ses résultats, ce qui revient à dire des difficultés moyennes du réglage.

Lorsque les positions ne sont pas abritées, au contraire, si l'on veut bien réfléchir que celle des deux artilleries en présence qui la première apercevra l'autre pourra la surprendre par son tir et s'assurer rapidement la prépondérance du feu, alors même que l'adversaire est déjà en position et pourvu que la distance de tir soit considérable (circonstance en raison de laquelle la batterie aura besoin d'un temps plus long pour arriver à s'orienter, se reconnaitre et démêler son propre objectif) il semble que la distance à laquelle le feu pourra être ouvert doive être comprise entre deux limites: le minimum sera la plus petite distance à laquelle on peut encore être sûr de n'être pas découvert par l'ennemi et dépend des conditions de terrain et de lumière ; le maximum sera donné par la graduation extrême de la fusée dans le tir fusant.

Si l'on poursuivait la marche en avant au delà du minimum dont on vient de parler, on courrait le risque d'être aperçu par l'ennemi avant d'avoir pu ouvrir le feu, et de perdre ainsi l'énorme avantage de l'initiative du feu, qui croit avec les difficultés qu'éprouve l'adversaire à nous reconnaitre et à nous répondre par son feu, et par suite avec la distance. Si l'on prend position au contraire à une distance supérieure à celle où le tir fusant peut s'exécuter, on renonce à utiliser les bonnes propriétés du schrapnell, le plus efficace de tous les projectiles, et les difficultés du tir se trouvent augmentées dans une trop large mesure.

Cette limite maximum du tir fusant se trouve être, avec nos nouvelles fusées à double effet, de 3.800 mètres pour les pièces de 7 et de 4.200 mètres pour celles de 9.

Les Français, et plus récemment les Allemands aussi, ont reporté jusqu'aux environs de 6.000 mètres le tir fusant de leurs projectiles de campagne.

Remarquons cependant que naturellement le tir fusant ne sera employé dans leurs armées que très rarement à des distances supérieures à 3.500 ou 4.000 mètres, distances auxquelles le tir est déjà d'une exécution très difficile, même dans les conditions les plus favorables, et devient très souvent impossible ou inefficace par suite des difficultés du

réglage. On peut donc considérer comme certain que, au
delà de ces distances, le tir fusant lui-même, pas plus que
le tir percutant, ne sera jamais employé que contre des
objectifs considérables, par exemple des villes, des vil-
lages, des positions fortifiées d'une grande étendue, ou des
camps.

A la guerre, les positions abritées, ou les positions à
découvert et à grande distance ont toujours été et seront
toujours des positions médiocres qui, dans la plupart des cas,
occasionneront une grande perte de temps et de munitions,
quelles que soient la perfection du matériel et l'habileté du
personnel, pour obtenir un effet suffisant contre l'artillerie
adverse déjà en position.

Bien souvent, et plus que par le passé, il conviendra donc
à l'artillerie de l'attaque d'occuper de nuit de bonnes positions suffisamment rapprochées et à découvert ; on élèvera
alors de rapides retranchements de campagne ou des épaulements selon le cas, qu'on dissimulera artificiellement au
besoin s'il n'existe pas déjà des masques naturels, jusqu'à
une distance de 100 à 200 mètres en avant.

Cette dernière précaution sera prise dans le double but de
dérober à la vue de l'ennemi la lueur des coups de feu qui
trahirait la position des pièces, et de rendre difficile et
même impossible pour l'ennemi le pointage direct sur nos
pièces.

Alors même que l'artillerie pourra utiliser un masque
naturel, tels qu'une haie, un champ de blé, etc., il sera convenable qu'elle se place à une certaine distance de ce masque ; l'artillerie ennemie, qui ne peut ajuster son tir que sur
ce masque, sera ainsi trompée ou tout au moins incertaine
sur la justesse du tir qu'elle dirige sur les pièces.

Pour que les masques naturels puissent réellement rendre
les services dont on vient de parler, il est nécessaire qu'ils
soient continus et qu'ils débordent quelque peu le front de
la batterie sur les deux ailes. Si ces masques n'existaient

que devant chaque pièce et avec des intervalles, ils indique-
raient parfaitement à l'adversaire la direction de chaque
pièce masquée et faciliteraient le pointage exact des pièces
ennemies loin de le rendre incertain, puisque le commandant de la batterie adverse ou tout autre observateur n'aurait qu'à se déplacer légèrement vers une aile pour découvrir
les pièces et en voir la lueur; on aurait ainsi un moyen
commode pour ajuster le tir des pièces même en portée. La
quantité dont le masque doit déborder le front de la batterie
à chaque extrémité devra, selon la distance du masque à la
batterie, être assez grande pour obliger le commandant de
la batterie adverse à se transporter ou à envoyer ses obser-
vateurs à une distance considérable des bouches à feu, ou
mieux encore, si le terrain le permet, à rendre impossibles
les observations latérales.

Il sera beaucoup moins facile d'interdire à l'adversaire
les observations d'un point élevé qui acquerront certainement dans l'avenir une grande importance; c'est pour cette
raison que nous voyons chaque jour préconiser par beaucoup d'artilleurs l'adoption, dans les batteries, d'appareils
spéciaux pour ce genre d'observations. Chez nous aussi, il
y a déjà longtemps, on proposa l'adoption d'une échelle du
type Porta et de bien d'autres que plusieurs armées, entre
autres l'armée allemande, ont mises à l'étude. De toutes
façons, pour rendre difficiles ces observations d'un point
élevé, il est utile que le masque soit d'autant plus élevé qu'il
est plus éloigné des pièces. Il n'est nullement nécessaire,
d'ailleurs, qu'il soit épais au point qu'il devienne nécessaire
d'y pratiquer des ouvertures pour permettre le pointage des
pièces. Cette opération doit pouvoir se faire librement à
travers le masque, qui devra, par conséquent, n'être constitué qu'avec quelques branchages. En une demi-heure au
plus, une batterie devra pouvoir s'abriter et se masquer aux
vues d'une façon suffisante. Pour arriver à ce but, il est nécessaire de mener l'instruction du personnel dans les condi-

tions qui se présenteront le plus fréquemment à la guerre, c'est-à-dire de nuit.

Une autre grave conséquence du développement qu'a pris la puissance de l'artillerie sera la nécessité en campagne de mettre en action toute l'artillerie disponible dès le début du combat, ou tout au moins d'engager toute celle qu'il sera possible d'amener.

Si l'artillerie ennemie, même peu nombreuse, est déjà convenablement postée, l'ouverture du feu avec la seule batterie ou les deux batteries de l'avant-garde, même dans le seul but de reconnaître les forces et les dispositions de l'adversaire, pourra souvent amener la destruction de l'artillerie engagée sans produire de résultat d'aucune sorte.

Remarquons en effet qu'à 2,500 mètres, par exemple, une batterie, ouvrant le feu contre une autre batterie, pourra en moyenne obtenir une fourchette de 100 mètres en six coups, quelquefois en quatre coups, en trois et même en deux coups, après lesquels le tir commence à être efficace et à porter le trouble dans les rangs de l'adversaire. Après quatre ou cinq coups de réglage, l'efficacité du tir peut donc devenir considérable, et une salve d'obus fusants, deux au plus, peuvent, si elles sont bien ajustées, mettre l'adversaire tout au moins dans l'impossibilité de continuer son propre feu. En moyenne donc, avec vingt ou vingt-cinq coups le but sera atteint et six ou sept minutes au plus auront suffi à amener un résultat.

Il sera donc nécessaire d'écraser promptement l'artillerie de la défense avec une force d'artillerie supérieure, et dont l'entrée en ligne sera simultanée pour toutes les batteries; on évitera ainsi que la défense ne détruise une à une et avec peu d'efforts les batteries de l'attaque; celles-ci devront donc prendre position toutes ensemble, au risque même de retarder de quelques minutes l'action de l'artillerie de l'avant-garde.

Mais aura-t-on avantage, comme par le passé, à déployer

promptement l'artillerie dans le but de démasquer et de reconnaitre les positions de l'adversaire, si celui-ci fait usage de la poudre sans fumée ? Certainement non, si l'adversaire a su bien se poster et bien se couvrir, ce qu'il aura certainement cherché à faire. Pour éviter, par suite, de placer son artillerie dans de mauvaises positions et d'être obligé ensuite de changer ces positions sous le feu de l'ennemi, il conviendra le plus souvent, je dirai presque d'une façon générale, de tâter l'ennemi sur ses forces et ses dispositions, en employant la cavalerie et l'infanterie de l'avant-garde, qui doivent provoquer le feu de l'artillerie ennemie et s'y soustraire aussitôt par de rapides mouvements. En d'autres termes, il conviendra de ne faire prendre position à l'artillerie que lorsqu'elle sera toute rassemblée et quand on connaitra au moins la force et les positions de l'artillerie ennemie. Si cette observation n'est pas rendue possible par la fumée des pièces, comme par le passé, elle sera toujours permise par les détonations des bouches à feu et les lueurs qu'on pourra apercevoir de positions élevées ou bien encore latérales.

Ces reconnaissances de points élevés ou placés sur les côtés, pendant que les batteries stationnent en position d'attente, seront bien plus difficiles et plus longues que par le passé.

Elles devront être faites, non seulement par les commandants de l'artillerie divisionnaire et de l'artillerie des brigades, mais encore personnellement par les commandants de batterie quand ils en auront la faculté.

La carte à la main, ils pourront établir, au moins approximativement, le point sur lequel est postée l'artillerie ennemie, puis en déterminer la position par rapport à des points qui peuvent être repérés des batteries et, sur ces indications, commencer le tir de réglage.

Dans la plupart des cas, même avec le pointage direct, il conviendra de procéder au réglage du tir, en direction

d'abord, puis en portée et en ayant recours à chaque coup
aux observations de points élevés ou latéraux. Souvent, il
n'y aura pas moyen de faire autrement.

Ces reconnaissances préliminaires, ce tir exécuté pour
ainsi dire par induction, ces corrections successives deman-
dent du temps, nécessairement. Il faudra donc avoir de la
patience et laisser à l'artillerie ce temps qui lui est indispensable. Une précipitation trop grande, plus encore que
par le passé, mènera directement à l'insuccès.

Mais il pourra se faire que l'on ne puisse attendre la faveur de la nuit pour poster l'artillerie : les positions loin-
taines ou couvertes, le terrain même nécessaires pour l'établissement de l'artillerie pourront faire défaut. Comme par
le passé, on devra se contenter de ce que l'on a et dans
l'action de l'artillerie tirer tout le profit que l'on pourra du
terrain en remédiant à ses inconvénients. Les moyens
d'arriver au but poursuivi sont faciles à trouver et connus
depuis longtemps ; dans l'avenir, leur importance grandira
encore cependant et on peut les résumer comme il suit,
dans leurs points essentiels : choisir, autant que possible,
des positions de biais ou de flanc par rapport à l'ennemi, et
autant que possible aussi, dominantes ; prendre le plus tôt
possible des formations ouvertes : s'avancer avec toute la
vitesse que permettra la nature du terrain, à couvert s'il
est possible, en zig zag dans le cas contraire, afin de rendre plus difficile le réglage de l'artillerie ennemie en la for-
çant à changer son pointage tout à la fois en hauteur et en
direction, se mettre en batterie à couvert et tout au moins
hors de la vue de l'ennemi, et faire avancer les pièces à
bras au moment de l'ouverture du feu, etc.

Si le personnel possède une grande habileté lui permettant d'exécuter le feu à la fois avec promptitude et précision
et qu'il soit, de ce chef, bien supérieur au personnel de
l'adversaire, il sera encore possible de contre-balancer
l'énorme avantage qu'a acquis l'ennemi en prenant les

devants dans le réglage du tir et arriver ainsi avant lui à
l'exécution de ce réglage. Ce résultat sera, d'ailleurs, à
l'avenir, bien plus difficile à obtenir que dans le passé.
D'autre part, je crois, malgré les conseils de quelques-uns,
qu'on devra éviter avec soin, comme susceptible d'entraîner
les plus mauvais résultats, le tir avec des hausses échelonnées dans des limites d'une certaine probabilité; on
renonce ainsi au bénéfice du réglage de tir en face d'une
artillerie qui, tôt ou tard, mais toujours en peu de temps,
arrivera à régler le sien.

Encore une autre question que j'avais déjà indiquée.
Lorsque le gros des troupes d'infanterie se porte en avant,
doit-on encore conseiller à l'artillerie d'abandonner ses positions, à la distance de 2.500 mètres environ, pour se porter
en avant, d'abord à moins de 1.800 mètres de l'artillerie
ennemie, et puis ensuite, si l'occasion se présente, à une
distance moindre encore, jusqu'à 6 ou 700 mètres, comme
le prescrivent les règlements tactiques des diverses armées?
C'est là la question la plus délicate et la plus importante de
la tactique d'artillerie dans le duel contre l'artillerie ennemie et de l'artillerie en soutien de l'infanterie pendant
l'attaque.

Evidemment, deux raisons essentielles ont dicté cette
prescription : la première, d'ordre physique, la fumée; la
deuxième, d'ordre moral, l'encouragement à donner aux
troupes d'infanterie.

La première raison, qui obligeait l'artillerie à se rapprocher de l'objectif dans la lutte d'artillerie, et au moment
décisif, afin de ne pas confondre amis et ennemis, tous bien
rapprochés les uns des autres au moment du choc final,
n'existe plus avec les explosifs modernes qui ne produisent
pas de fumée.

Au moment où, pendant la lutte d'artillerie on devrait
passer à une distance plus rapprochée pour l'exécution du
tir décisif, deux cas peuvent se présenter : ou bien la lutte

a déjà donné de bons résultats et en promet de meilleurs encore si l'on continue le tir qui est bien réglé et efficace, ou bien la lutte n'a pas donné de bons résultats, et l'artillerie ennemie continue son feu avec toute la vigueur possible.

Dans le premier cas, la perte de temps qui résulterait de la marche en avant de l'artillerie même par échelons, et la suspension, même partielle, du feu seraient une bonne fortune pour l'artillerie adverse déjà partiellement battue; elle pourrait ainsi se réorganiser, se renforcer en hommes et en munitions, prendre de meilleures positions à force de bras, et enfin exécuter à son tour un bon tir contre l'adversaire, surpris au moment le plus critique, c'est-à-dire au moment où il amènerait ses avant-trains, pour se porter en avant, ou bien encore au moment où il se remettrait en batterie; l'artillerie ennemie pourrait ainsi arriver non seulement à rétablir les chances du combat, mais même à se procurer un avantage décisif et finalement la victoire.

Cela sera bien pis encore dans le second cas, c'est-à-dire lorsque l'artillerie ennemie n'aura même pas été ébranlée. Il faudra l'entamer avant de songer à changer de position, à moins que l'on ne se trouve précisément sous le coup d'un feu bien réglé, dans la nécessité de changer de position en s'avançant de 500 à 800 mètres ou plus, parce que la première position aura été mal choisie et ne permettra pas de produire un tir bien efficace. Ce ne sera plus la fumée qui occasionnera ce manque d'efficacité du tir résultant des difficultés de pointage et d'observation nécessaires au bon réglage du tir; mais il pourra toujours être amené par de mauvaises conditions du terrain et bien plus encore par de mauvaises conditions de lumière. Si l'on tire, en effet, avec le soleil de face, on aura toujours de la peine à bien distinguer l'objectif pourvu que la distance soit un peu considérable. Dans ce cas, au contraire, l'ennemi ayant le soleil derrière lui, nous apercevra très distinctement quelle que soit la distance et pourra très facilement ajuster son tir.

Le choix de la première de ces deux positions constituerait une faute très grave et il serait nécessaire d'y porter remède en opérant un changement à tout prix. Dans ce cas, certainement, l'artillerie de l'attaque aurait éprouvé de bien moins grandes pertes, et elle aurait réussi à battre l'artillerie ennemie avec une grande économie de temps, d'hommes et de munitions si elle s'était portée de bonne heure sur la position la plus avancée, sans s'attarder à occuper la précédente.

Dans l'exemple ci-dessus, le changement de position n'a d'autre but que de parer aux suites d'une faute dans laquelle on devra éviter avec soin de tomber. D'une façon normale, pour le tir contre l'artillerie, *on ne devra plus opérer* de changements de position ; le tir de l'artillerie moderne peut être en effet aussi efficace et aussi décisif à 2.500 mètres qu'à 1.800 et même un peu moins ; la différence qui peut exister doit être négligée, dans la pratique, lorsque les conditions de terrain et de lumière seront également favorables, puisque la fumée n'empêche plus ni le pointage ni le réglage du tir.

Mais, une fois l'artillerie de la défense ébranlée ou réduite au silence, l'assaillant devra-t-il maintenir la sienne aux environs de 2.500 mètres ? Quelques auteurs, principalement en France, répondent affirmativement et prétendent que, si la position de l'artillerie à cette distance est suffisamment bonne, celle-ci se rendra infiniment plus utile à sa propre infanterie en tirant une douzaine de salves de plus contre l'infanterie de la défense qu'en perdant son temps à avancer pour encourager son infanterie par le bruit de ses détonations.

Il est certain que le soldat d'infanterie se sent plus encouragé à l'attaque quand le canon de sa propre artillerie résonne à ses côtés que lorsqu'il l'entend loin derrière lui. Mais en présence de la quasi-certitude que l'on aurait aujourd'hui de voir les batteries, bien avant d'être arrivées à petite distance de la défense, et en supposant même l'artillerie ennemie réduite au silence, subir des pertes énormes par le feu de l'infanterie, si l'on considère que ces batteries courent peut-être même au-devant d'une destruction complète par des feux de salve, naturellement bien ajustés aux petites distances, ne doit-on pas se demander si l'on n'ira pas plutôt à l'encontre du but que l'on se propose et si l'on ne découragera pas plutôt l'infanterie en lui offrant le spectacle de l'anéantissement de l'artillerie amie ? Et ne doit-on pas se demander aussi s'il ne vaut pas mieux adopter, en principe, la stabilité de l'artillerie sur ses positions premières et donner du cœur à l'infanterie de l'attaque par un feu violent et non interrompu contre les positions ennemies ?

Mieux vaudra, pour relever l'état moral des troupes de l'attaque, la vue des effets meurtriers produits sur l'ennemi par un tir à schrapnells bien réglé de sa propre artillerie, que le vain fracas des détonations des bouches à feu.

Ce raisonnement ne me paraît pas souffrir de sérieuses objections, quand il s'agit d'amener l'artillerie à 600 ou 700 mètres de l'infanterie, distance à laquelle les nouveaux perfectionnements ont donné à cette dernière une puissance considérable.

Mais, en dehors de la zone de la grande intensité des feux d'infanterie, que l'on peut considérer comme s'étendant aujourd'hui jusqu'à 1.500 mètres environ, il pourra être bon quelquefois, dans la dernière phase du combat, d'amener l'artillerie un peu plus près de la défense pour lui permettre de mieux observer ses mouvements, les résultats de son propre tir et pour qu'elle puisse mieux concentrer son feu sur le point où l'attaque devra se prononcer avec le plus de vigueur. Après le succès final, l'artillerie pourra ainsi plus facilement occuper les positions conquises, poursuivre plus promptement et d'une façon plus efficace l'ennemi avec son feu, et, en cas d'insuccès, prêter un plus ferme appui à ses propres troupes.

D'un autre côté, il peut encore se faire que la nature du terrain force l'artillerie de l'attaque à se rapprocher jusqu'aux plus faibles distances pour pouvoir déployer toute l'énergie et toute la puissance nécessaires en une semblable circonstance ; de même qu'il pourra arriver que ce rapprochement soit véritablement rendu nécessaire par les conditions morales des troupes de l'attaque.

L'unique règle, acceptable en pareille matière, paraît donc être que l'artillerie, en raison des conditions spéciales du combat, doit se rapprocher autant qu'elle le pourra sans s'exposer à la destruction ; elle doit, au contraire, courir franchement au-devant du sacrifice, en se rapprochant jusqu'à la zone de plus grande intensité du tir de la défense et en attirant le feu sur elle-même toutes les fois que cela sera indispensable pour soutenir sa propre infanterie.

Bien mieux que les batteries proprement dites, les batteries à pied de canon à tir rapide, qui ont une très grande mobilité, pourront accompagner l'infanterie de l'attaque aux distances les plus rapprochées, non seulement pour obtenir un effet moral, mais encore pour produire, avant l'assaut, un véritable effet d'écrasement sur l'infanterie ennemie. Les canons à tir rapide sont en effet très efficaces aux petites distances et leur efficacité est multipliée par la vitesse du tir indispensable dans les actions de courte durée comme celle dont on parle, ainsi que dans les combats de cavalerie. C'est là, d'après l'avis de la plupart des artilleurs, l'unique mode d'emploi convenable des nouveaux engins, dans le combat en rase campagne.

Il est hors de doute que l'artillerie de la défense pourra retirer les plus grands avantages des derniers perfectionnements techniques et spécialement de l'adoption des explosifs sans fumée.

Pour arriver à ce résultat, il sera indispensable pour elle

de choisir de bonnes positions, de poster ses pièces derrière des couverts ou des épaulements qu'elle devra masquer, de mesurer ou d'évaluer à l'aide de la carte les distances des points principaux sur lesquels ou près desquels l'ennemi pourra s'établir, de disposer convenablement ses voitures et les réserves, d'apprêter les munitions, etc., avant le commencement de la lutte.

Elle devra chercher avec le plus grand soin à apercevoir l'ennemi le plus tôt possible pour le surprendre par son feu non seulement quand il entre dans la zone d'efficacité de son tir, mais à la plus grande distance possible, quand il présentera, bien entendu, un objectif suffisant ; elle devra éviter avec le plus grand soin de se montrer pour empêcher que l'ennemi de son côté ne s'oriente, ne prenne à coup sûr ses positions et ne choisisse lui-même ses objectifs.

L'artillerie de la défense devra aussi ouvrir vivement le feu dès que celui-ci promet de bons résultats et le continuer ainsi tant qu'il lui sera possible.

Ces règles générales ne sont pas neuves ; elles sont connues de tous, et les divers règlements tactiques les prescrivent avec plus ou moins de netteté.

Leur application, dans les combats de l'avenir, exigera cependant plus de soin que par le passé, parce que l'observation de ces règles seules permettra à l'artillerie de la défense de remplir sa tâche et de déployer toute sa puissance.

Quand cette dernière n'aura pas réussi à choisir de bonnes positions et à les occuper en temps voulu avant le commencement de la lutte d'artillerie, quand l'attaque déploiera un nombre de pièces bien supérieur, moins que par le passé il sera possible à l'artillerie de la défense de s'opposer à ce déploiement ou même de prolonger la lutte. Devra-t-elle encore alors chercher à amener les avant-trains, suspendre la lutte pour se porter derrière un couvert et rentrer en action, au moment voulu, principalement contre l'infanterie ennemie se portant à l'attaque de la position principale ?

Oui peut-être, même dans l'avenir, pour certains cas spéciaux, principalement quand il est possible et qu'il convient de laisser les pièces en batterie pour mettre les servants seuls momentanément à l'abri; non, certainement non, dans l'immense majorité des cas.

L'artillerie ennemie, si elle a déjà réglé son tir, ne lui en laissera ni le temps ni les moyens et la détruira le plus souvent d'une façon complète avant qu'elle soit parvenue à se mettre à couvert.

A moins qu'on ne veuille qu'elle décampe avant que l'artillerie de l'attaque ait réglé son tir et lui ait infligé des pertes assez considérables pour éteindre son feu! Mais cela est inadmissible et ne se produira pas dans la pratique.

En raison de la puissance actuelle de l'armement, le duel ou pour mieux dire les différents duels singuliers et partiels que se livreront les deux artilleries adverses ne devront cesser que par suite de la destruction totale ou presque totale de l'un des deux partis en présence. Il semble donc que, dans l'avenir, il soit préférable, dans tous les cas, pour l'artillerie de la défense, de rester en position à tout prix, de faire feu tant qu'elle le pourra, et, destruction pour destruction, de préférer celle qui pourra être utile à son propre parti, en lui permettant d'infliger des pertes à l'ennemi et de jeter le trouble dans ses rangs jusqu'au dernier moment. En continuant ainsi à attirer sur elle le feu de l'artillerie adverse, elle permettra au moins à l'infanterie de mieux se préparer à une défense acharnée ou à une contre-attaque possible.

Pour conclure, je me demande encore si les conséquences immédiates des nouveaux perfectionnements introduits dans l'armement, sur les combats de l'avenir ne constitueront que de simples changements à la tactique actuelle ou s'ils entraîneront une révolution radicale dans cet art. J'incline pour la deuxième hypothèse; mais je suis d'avis que les principes et les fondements sur lesquels reposent les

règles tactiques de notre armée resteront toujours intacts;
car je pense que ces règles ont assez d'élasticité pour répondre parfaitement à toutes les exigences de l'avenir, pourvu
qu'on y apporte les quelques modifications qui pourront être
nécessaires.

Tout reposera sur l'application pratique de ces règles suivant les cas spéciaux en présence desquels on pourra se
trouver. Je ferai observer encore que l'application de ces
règles, et l'art de la guerre tout entier, sont devenus bien
plus difficiles que par le passé, pour tout le monde, depuis
le simple soldat jusqu'au commandant en chef. Toutes les
armées se trouvant de ce côté-là aux prises avec les mêmes
difficultés, la prépondérance, la victoire finale seront toujours assurées à celle qui aura su se donner les cadres les
meilleurs et par suite aussi les meilleures troupes, c'est-à-
dire les facteurs qui ont toujours eu et auront toujours à la
guerre l'importance la plus considérable.

FIN

Paris et Limoges. — Impr. milit. Henri CHARLES-LAVAUZELLE.

Librairie militaire Henri CHARLES-LAVAUZELLE

Paris, 11, place Saint-André-des-Arts.

Règlement sur l'instruction du tir des troupes de cavalerie, approuvé le 17 août 1884, avec nombreux dessins (6e édition). — Vol. in-32 de 216 p. cartonné... 1 »

Extrait de l'instruction ministérielle du 27 janvier 1882 sur le tir réduit. — Fascicule in-32 de 24 pages......................... » 15

Barème du pour cent, donnant la valeur du tir au seul énoncé du nombre de balles tirées et du nombre de balles mises quels que soient ces nombres, par J. MOLLARD, capitaine au 11e régiment d'infanterie. — Volume in-18 de 272 pages, relié toile... 4 »

Tir indirect, tables de tir (pentes, hausses, défilement), accompagnées des renseignements nécessaires pour le calcul des éléments, du tir indirect et, en particulier, du tir plongeant. — Une feuille..................... » 15

La même, collée sur toile et découpée en rectangle..................... » 50

Description d'un chevalet de pointage économique, construit par le lieutenant VAUTIER, du 4e bataillon d'infanterie légère d'Afrique. Ouvrage accompagné d'une planche. — Volume in-8º de 16 pages............. 1 25

Un télémètre, théorie, construction et emploi d'un appareil simple, pratique et peu coûteux, par KIVA (2e édition). — Fascicule in-8º.............. » 50

Traité théorique élémentaire de tir, par le capitaine C. PILATE, du 25e d'artillerie. — Volume in-32 de 152 pages, cartonné.................. 1 »

Le tir dans le combat. — Fascicule in-8º de 16 pages.............. » 50

Le tir de l'infanterie. — L'appréciation des distances. — Brochure in-8º de 32 pages... » 50

Le tir de l'infanterie. — L'instruction du tir. Etude comparative. — Brochure in-8º de 20 pages.. » 50

Le tir de l'infanterie, par un officier supérieur de l'armée allemande, traduit par Ernest JAEGLÉ, professeur à l'Ecole spéciale militaire de Saint-Cyr. Ouvrage accompagné d'une planche lithographiée. — Volume in-8º de 336 pages, broché... 4 »

Ouvrage honoré d'une souscription du Ministre de la guerre.

Le tir de l'infanterie. — Ecoles du pointage et du tir à la cible, par E. CORALYS. 1894. — Brochure in-8º de 56 pages.................. 1 25

Le tir de l'infanterie. — Tir de combat ou tir de guerre, par E. CORALYS, 1894. — Brochure in-8º de 24 pages.................... » 60

Le tir de l'infanterie. — Conduite et discipline du feu, par E. CORALYS, 1894. — Brochure in-8º de 24 pages........................ » 60

Le tir de l'infanterie. — Tir de démonstration et tir au revolver, par E. CORALYS, 1894. — Brochure in-8º de 34 pages............... 1 »

Le tir de l'infanterie. — Tir réduit, par E. CORALYS, 1894. — Brochure in-8º de 12 pages.. » 50

Le tir de l'infanterie. — L'appréciation des distances, par E. CORALYS, 1894. — Brochure in-8º de 32 pages .... » 50

Le tir de l'infanterie. — Un nouveau règlement sur l'instruction du tir, par E. CORALYS, 1894. — Brochure in-8º de 40 pages............. 1 »

Discipline du feu dans le règlement autrichien sur les manœuvres de l'infanterie. — Fascicule in-18................................. » 60

Règlement du 12 février 1887 sur le tir de l'infanterie allemande, avec figures et une planche. — Volume in-32 de 190 pages, relié toile. 2 50

Règlement du 23 novembre 1888 sur le tir de l'infanterie italienne, traduit par le lieutenant JAGUIN, du 137e régiment d'infanterie. Ouvrage accompagné de nombreux tableaux et modèles. — Volume in-32 de 160 pages, relié toile... 2 50

Le catalogue général de la Librairie militaire est envoyé gratuitement à toute personne qui en fait la demande à l'éditeur Henri CHARLES-LAVAUZELLE.